村田和代
Kazuyo Murata

# 優しいコミュニケーション

## ——「思いやり」の言語学

Eurus
Notus
Boreas
Zephyrus



岩波新書
1971

# はじめに

皆さんは「優しい」という言葉から何を連想しますか？

優しい声、優しい顔、優しい風……人それぞれ何を優しいと感じるかは異なるでしょうが、何かしら共通項はありそうだし、いずれもポジティブなイメージが想起されるのではないでしょうか。

本書のタイトルである「優しいコミュニケーション」について考えてみましょう。筆者は、社会言語学研究者として、日々のコミュニケーションを観察していると、気持ちがほんわりと温かくなる、人の思いやりが垣間見える瞬間に遭遇することがあります。そんなとき、「これが優しいコミュニケーションなのかな」と感じます。そういった言葉のやりとりに、何かしらの共通点はあるのでしょうか？　あるいは、どうしたら、多様な言葉のやりとりの中に「優しさ」を見つけることができるのでしょうか？

普段から何気なく行っているコミュニケーションには、一見ばらばらで共通項などないように思えますが、その背後には、共通した原理や原則が働いている場合があります。実際のコミュニケーションの考察や分析を通して、直感的に感じているようなルールを可視化したり体系化したりすることも、社会言語学研究者の仕事の一つです。

ことばは、時代や状況によってダイナミックに変化します。そして「言霊」と言われるように、人々に勇気や元気を与え社会に大きな影響をもたらします。同時に、人を傷つけ、扇動し、社会を間違った方向に動かす力をも有します。このような「生きていることばやコミュニケーションの有り様」を研究するのが「社会言語学」です。現実社会における言語使用の有り様を、ミクロ・マクロの視点からとらえることで、社会の現状や変化を映し出し、めざすべき方向を示唆すると筆者は考えています。

本書の構成は以下の通りです。

1章で、優しいコミュニケーションを考えるための手がかりとなる社会言語学の理論やコミュニケーションのとらえ方について紹介します。

続く2章では、雑談について考察します。「雑談」は、コミュニケーションにおいて「雑」なやりとりなのか(重要ではないのか)、あらためて考えてみましょう。

3章では、「聞く」行動をとりあげます。「きく」は、「聞く・聴く・訊く」といった三種類の漢字で表されます。コミュニケーションにおいて「聞くこと」はどのような意味をもつのでしょうか？　前半で、「聞き手行動」のバリエーションについて考察します。後半では、「話し合い」について考えます。「話し合い」で大切なのは、その名前の通りお互いに「話す」ことなのでしょうか？　実際の話し合い談話の考察を通して考えます。

4章では、優しさを伝えるのが難しいと考えられるコミュニケーションについて検討します。目の前に会話の相手がいなくて直接優しさを伝えにくそうな事例です。前半では、たやすい状況ではない、具体的にはリスクに直面した状況でのプレゼンテーションに焦点を置きます。後半は、オンラインコミュニケーションについて考えます。

5章では、社会言語学の研究成果に基づいた社会貢献についてみていきます。社会言語学の目標は、「生きたことばを映し出す」(記述する)ことですが、本書では、そこから一歩進んで、研究成果をベースにした実践や提案について、事例を交えながら紹介します。

最後に6章で、あらためて「優しいコミュニケーション」のエッセンスについて考えます。

本書を通して、筆者が伝えたいメッセージは三つあります。一つ目は、社会言語学の魅力やおもしろさを多くの方々に知っていただきたいということです。言語学というと、日常生活とは程遠いところにあるようなイメージをもたれるかもしれません。しかし、コミュニケーションは、誰もが日常的に行っている活動です。コミュニケーション能力や、話し方や伝え方をテーマにした一般書やエッセイが、次から次へと出版されています。それだけ多くの人たちがコミュニケーションに興味があるということです。だから、生きていることばを映し出す「社会言語学」を知ってもらい、その考え方やコミュニケーションのとらえ方を、ぜひ、日頃のコミュニケーションにも活用いただければ嬉しいです。

二つ目は、優しいコミュニケーションのエッセンスとは何かを一緒に考えてみませんか、というお誘いです。日常の社会活動の基本はコミュニケーションです。多様性や包摂性の重要性が唱えられる一方、人々の間に分断が広がっているのではないでしょうか。あらためて、コミュニケーションをふりかえり、コミュニケーションにみられる「優しさ」について考えてみませんか。本書は、これが「優しいコミュニケーションです」といった明確な解答を提示するものではありませんが、社会言語学のカギ概念や理論から、「優しいコミュニケーション」を考える上でのヒントやその糸口、エッセンスを見いだせるのではないかと考えます。

三つ目は、言語・コミュニケーション研究を社会につなげる事例や可能性、言い換えれば、言語・コミュニケーション研究が、どのように社会貢献できるのかについて提示するということです。筆者は、一貫して、言語・コミュニケーション研究の社会貢献というテーマに取り組んできました。実際に、現場のフィールドワークやコミュニケーションの観察、現場の方々への聞き取りも進めてきました。コミュニケーション研究を通して、人に優しいコミュニケーションのエッセンスや、価値観や利害の異なるひとたちが「共生」し、「創発」が生まれるようなコミュニケーションデザインを見いだせると考えています。

本書を通して、人間賛歌のメッセージを送ることができれば嬉しいです。そして、社会言語学研究者として、多様なひとびとの共生、持続可能な社会構築のために貢献できれば幸いです。

さあ、一緒に「優しいコミュニケーション」を考える旅に出発しましょう！

# データ文字化記号について

| | |
|---|---|
| ／／ | 別の人の発話と重なりが生じていることを表す |
| ［説明］ | 非言語的情報（音声やジェスチャー等） |
| （説明） | 会話を理解するために筆者が補足した説明・コメント |
| 〈 〉 | 固有名詞についての説明 |
| （ ） | 聞き取り不可能な箇所 |
| （x・0） | x秒の沈黙 |
| + | 一秒未満の沈黙 |
| ？ | 上昇調のイントネーション |
| ‥ | 延音 |
| … | 省略 |

# 目次

# 1章

# 優しさの手がかり——カギとなる概念や理論

コミュニケーションにおける優しさとは何でしょうか？

直感的にはなんとなくわかるような気がしそうですが、それを言葉で説明するのは難しいかもしれません。より客観的に、優しいコミュニケーションのエッセンスを可視化するために、本章では、優しいコミュニケーションを理解する際の手がかりについて、言語使用を社会とのつながりの中でとらえようとする、社会言語学という学問領域から考えてみましょう。

## 社会言語学とは

社会言語学とは、その名の通り、言語（ことば）を社会との関わりで見ようとする言語学の一分野です。社会言語学には、ミクロな視点からマクロの視点まで広範囲の研究が含まれます。会話などのコミュニケーションを社会的な営みととらえ、社会条件（人間関係、場面、状況、話題等）との関連からことばのやりとりを分析するのが、ミクロなアプローチからの研究です。一方、広い視野でコミュニケーションをとらえた、言語政策や関連する諸施策・取り組みについての研究、言語変化・言語変種・言語接触に関する研究も社会言語学の射程に入ります。

「生きていることばやコミュニケーションの有り様」を研究するのが、「社会言語学」なのです。最大の関心は実際の言語使用を映し出すことですが、ことばが実際の社会でどのように用いられているのかだけでなく、言語使用の背後にある社会的な意味をも考察し、記述することを主眼としています（記述主義）。したがって、どの言語使用がよいのか（正しいのか）といった判断（規範主義）をめざすものではありません。

たとえば、廊下で学生とぶつかってしまった時に「ごめんなさい、痛くなかったですか？」と言ったら、「いや、全然大丈夫っす！　先生こそ、痛くなかったっすか？」と返事が返ってきたとしましょう。

規範主義的なアプローチをとれば、「その日本語は間違っていますよ」と答えるべきでしょう。すなわち「全然は否定形と呼応するので、「全然痛くなかったです」といったように後ろに否定形をもってくる必要があります。それから、「大丈夫っす」は正しい文末表現ではありません。「大丈夫です、痛くなかったですか」と言うべきです」というのがその解説です。

一方、社会言語学的（記述主義的）アプローチは、言語使用は時代と共に変化すると考え、「全然＋肯定形」を新しい表現（使い方）としてとらえます。加えて、「っす」については、主として若い男性が使用し相手への親しい丁寧さを表す（社会的な意味）という研究結果があります。

社会言語学では、これらの表現が、どのような世代でどのような場面で使われているか、そして、それら言語使用の社会的意味とは何かについて調査研究をするというわけです。

本章では、優しいコミュニケーションを考える手がかりとなりそうな社会言語学の手法や理論、コミュニケーションのとらえ方について紹介します。

## 調査方法

私たちは、毎日コミュニケーションを行っています。あまりにも日常的な活動で、これをどうやって研究するのだろうかと、不思議に思われるかもしれません。

まずは、日常のコミュニケーションを観察してみてください。自分自身のコミュニケーションを録音して、聞き直してみてください。日頃気づかなかった自分自身のコミュニケーションの癖や特徴を発見することができます。

筆者が在外研究でニュージーランドに滞在していた時のことです。研究の指導をしていただいていた先生とのミーティングを、毎回録音していました。これは、自分自身のコミュニケーションを研究するためではなく、毎回のミーティングの内容を、すぐには理解できないことがあり、後から内容を聴き直すためです。家に帰って、その音声を聞いて、衝撃を受けました。

筆者の相槌が驚くほど多く、しかもどれも大きな音。相槌がうるさすぎて、先生の声がほとんど聞き取れなかったのです。一般に日本語会話では相槌が多いということが指摘されていますが、英語で会話する場においても、自分自身が、母語である日本語のふるまいをそのまま使っていたということを実感しました。

次に、目と耳で観察するだけでなく、ことばのやりとりを書き起こしてみてください。たとえば、プレゼンテーションが上手だと言われている人のスピーチはどうでしょうか？　観察だけでなくスピーチを文字転記することで、さらに新たな発見ができます。プレゼンテーションがうまい人のスピーチを複数比べてみましょう。何か共通点が見つかるかもしれません。

社会言語学の調査方法として、ことばのやりとりを考察する場合には、収録（動画と音声）をします。加えて、現場の観察をして、現場の状況や現場の人々の関係性や様子についてメモします。また、会話参加者の承諾が得られれば、インタビューも行います。そのやりとりをしたときの感想や日々のコミュニケーションについて聞くことが多いです。

収録した動画や音声は、多くの場合、文字起こしします。文字転記方法もどれだけ細部まで分析するかによって異なってきます。話した言葉を忠実に書き起こすだけでなく、沈黙の秒数や、発言の重なり、笑いまで記述する場合が多いです。発話の記述に加えて、視線の動きやジエスチャーまで書き起こす場合もあります。収録した動画・音声や文字転記データの考察を通して、実際のことばのやりとりの記述をする、さらには個別の記述を越えて、共通点を見出し、そこから一般化（理論化）をもめざします。

プレゼンテーションが上手な人のスピーチの共通点について、授業で学生たちに考えてもらうことがあります。学生たちは「わかりやすい」「自分の言葉で」ということを共通点としてよくあげます。しかし、更に考えを深めてみると、様々な疑問がわいてきます。「わかりやすい」とはどういうことなのか、どのような表現やスピーチの展開をすれば「わかりやすい」のか、「自分の言葉で」伝えるとはどういうことなのか、「自分の言葉」と「そうでない言葉」はどのように聞き分けるのか……直感的にはわかっているつもりでいる、ことばのやりとりの背後にある原理や原則等を、可視化するのも社会言語学の役割です。

マクロなアプローチの研究の場合は、関係者や当事者の聞き取りに加えて、アンケート調査や公的文書等の調査も含まれます。5章でコミュニケーションデザインの事例を紹介します。

## 「何を言ったか」「どのように言ったか／伝えたか」

コミュニケーションを観察して何が発見できましたか？

コミュニケーションというと「何を言うか」といった発言内容に着目しがちですが、「どのように言うか」という側面からの発見があったのではないでしょうか。

社会言語学では、「何を言うか」だけでなく、むしろ「どのように言うか」に着目します。同じ内容であれば伝え方も同じでしょうか？　たとえば、窓を閉めてほしいとき、どのように伝えますか？

- （何も言わず）あごで窓の方を指し示す
- 窓！
- ちょっと窓閉めて
- 窓閉めてーや
- ごめんやけど、窓閉めてくれへん？
- 悪いけど、窓閉めてくれる？
- 窓を閉めていただけますでしょうか
- お手間おかけして申し訳ないのですが、窓を閉めていただけないでしょうかこれらの表現はそれぞれ何が違うでしょうか？　なぜ、同じ内容を伝えるのに多様な表現があるのでしょうか？

## 言語のバリエーション

社会言語学の前提の一つに、言語にはバリエーションがある、という認識があります。同じ内容を伝えるのに多様な言語表現（バリエーション）があるということです。バリエーションを生じさせる要因として、概ね以下があげられます。

①誰が
②誰に
③いつ、どこで
④なぜ
⑤どういう方法で

これらは5W1Hと呼応しています。それぞれの要因について考えてみましょう。

一つ目が、「誰が」＝話し手に根ざしたバリエーションです。「あなたは何者ですか？　できるだけ多くの回答を出してください」。これは、社会言語学入門の授業で、筆者が学生にする最初の質問です。みなさんの答えはどうだったでしょうか？

たとえば筆者なら、「日本人」「関西人」「大学教員」「社会言語学研究者」「妻」「母」「娘」「女性」「京都府民」「中年」等々、考えればもっといろいろ出てきそうです。これらが自分自身の「アイデンティティ」と言えるでしょう。自分が何者であるかがアイデンティティです。自分自身のアイデンティティは一つではないことがわかります。人は、多様なアイデンティティを有していて、それぞれのアイデンティティに根ざした「ことば」を使用しています。たとえば「ごめんやけど、窓閉めてくれへん？」は、関西人としてのアイデンティティに根ざしていると言えるでしょう。

つまり、言語のバリエーションは、個人個人でばらばらなのではなく、同じアイデンティティに根ざしている人々は話し方に共通した特徴があるということです。共通した特徴をもつことばを用いる人々の集団を「スピーチコミュニティ」と言います。たとえば、「関西人」という言語共同体(speech community)なら「関西弁」というバリエーションをもつということです。「ごめんやけど、窓閉めてくれへん？」という表現を聞いたとき、少なくとも関西の人は（関西弁を知っている、あるいは聞いたことがある人は）、話者は関西人だろうなということがわかります。

このように話し手のアイデンティティに根ざしたバリエーションとしてまず思いつくのが地域方言でしょう。話し手の出身地や居住地によって話し方は異なります。みなさんの方言にはどのような特徴がありますか？　ご自身の出身地の方言で好きなことばは何ですか？　方言で「人に対する優しさ」を表すことばは何かあるでしょうか？

社会言語学では、地域方言の他にも方言があります。それは「社会方言」です。これは社会的アイデンティティに根ざしたことばです。ジェンダー（社会・文化的に形成された男らしさ・女らしさ）、世代（幼児、若者、高齢者等）、社会階層、役割（キャラ）が社会的アイデンティティを形成する要素です。たとえば、若者同士が話しているのを聞いていると、中年世代には理解できない表現が多く出てくる、アニメのお姫様キャラクターが特徴的な話し方をする等が、社会方言の例です。かつて日本が一億総中流社会と呼ばれた時代には、社会階層によることばの違いはないと言われていました。しかし、格差が広がる現代社会においてはどうでしょうか？　みなさんの日常の言語生活からふりかえってみてください。

二つ目が、誰に＝会話相手です。

目覚めてから眠るまでの一日のコミュニケーションをふりかえってみましょう。朝起きてお母さんに対しての話し方、職場や学校で同僚や友達に対しての話し方、仕事や授業の後のデートでパートナーに対しての話し方、レストランの店員さんに対しての話し方。すべて同じでしょうか？　相手によって話し方は異なっているのではないでしょうか。会話相手との人間関係の尺度として、二つの方向が考えられます。それは「上下」(社会的距離)と「親疎」(心理的距離)です。コミュニケーションを行う際、相手が目上であれば、敬語やていねいな表現を用いるでしょう。しかし、目上であっても、親しい上司(図1-1のA)と、そうでない上司(図1-1のC)とでは、話し方を変えているのではないでしょうか。

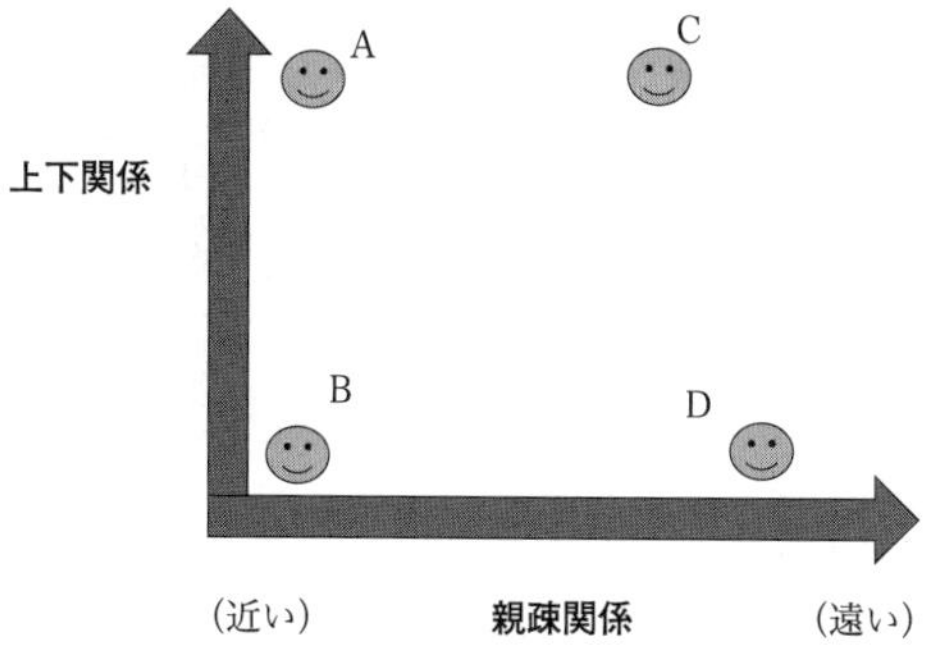


上下関係……社会的距離　親疎関係……心理的距離

図1-1　会話相手との関係

　三つ目が、「いつ・どこで」という会話の状況です。状況に関する尺度としては、フォーマル／インフォーマルがあげられます。同じ上司との会話であっても、フォーマルな会議、会議の間の休憩時間、会議が終わった後の居酒屋というフォーマル度（堅苦しさ）のレベルが異なれば、話し方も違ってくるというのは容易に想像できます。

四つ目が、話題や目的です。

そのコミュニケーションの話題が何なのかについては、情報中心／心情・感情中心といった尺度でとらえられます。たとえば、情報中心のニュースや報道番組では固い話し方、心情・感情中心のバラエティ番組ではやわらかい話し方（日常会話で用いるような表現や方言等）が好まれるでしょう。社会言語学者のデボラ・タネンは男性と女性の会話スタイルについての研究から、情報中心のリポート・トーク、心理的つながり中心のラポート・トークという表現を用いています。彼女の研究では、男性の会話の特徴としてリポート・トーク、女性の会話の特徴としてラポート・トークをあげていますが、必ずしもそれに限定されるというわけではないかもしれません。しかし、優しいコミュニケーションを考える際には、リポート・トーク、ラポート・トークという考え方は有効でしょう。

話題や目的に関して、ある発言はある行為を果たすという考え方（発話行為理論）からもアプローチできます。発話行為という観点からラベル付けができる「依頼」「命令」「勧誘」「許可」「謝罪」「感謝」「説明」「報告」といった目的も、言語のバリエーションに影響を与えます。

最後に、どのように伝えるか＝コミュニケーションのメディアです。

コミュニケーションの方法は実に多彩です。対面なのかZoomなのか電話なのか、ＬＩＮＥやTwitterといったＳＮＳなのか、はたまた手紙なのか。従来、伝達方法によるバリエーションとして考えられていたのは、「書き言葉」「話し言葉」の二種類でした。しかし、スマートフォンの普及に伴い、もう一種類新しい「言葉」が生まれてきました。それはＳＮＳでのやりとりで使われる「打ち言葉」です。

学生たちに若者言葉の例をあげてもらったとき「草」「大草原」といった表現が出てきました。笑う、面白いという意味だと教えてもらった筆者は、授業で、ある学生の発言がおもしろかったので、「すごい！　それって大草原だね！」と言ったところ、教室内がしーんと静まりかえりました。学生が、「先生、草とか大草原は、話し言葉じゃなくて、ＳＮＳとかで使うんです」と教えてくれて、「打ち言葉」でのみ使われる表現が確立しつつあることを体感しました。今や、若者にとって、様々な表現や語彙は（もちろんお互い重なりはあるものの）「話し言葉」「書き言葉」「打ち言葉」の三つに分類されているようです。

言語のバリエーションは、○○語といった言語から、○○語内にある方言、方言内のスタイル（表現形式や文体、語彙選択）の違いまでさまざまなレベルでのとらえ方ができます。

## コミュニケーションの機能

みなさんは何のためにコミュニケーションをしますか？　コミュニケーションの機能について考えてみましょう。

たとえばテレビの天気予報での「明日の天気は曇りのち晴れです。午前中は雲が多いですが、午後からは晴れ間が広がるでしょう」という発言は、明日の天気についての情報伝達が主目的です。一方、こちらはどうでしょうか？　ある学生A君が、新学期最初の授業の教室で、授業が始まるのを待っていると、知らない学生B君が入ってきて、近くに座りました。B君と目が合ったA君が「教室の中暑いですよね。一回目の授業なのに、先生来るの遅いですね」と言った場合です。暑いということや先生が来るのは遅いという情報を、相手に伝えることが主目的と言えるでしょうか？　むしろ、初対面の相手と関係を構築するという機能があるのではないでしょうか。

優しいコミュニケーションを考える際、コミュニケーションには情報を伝えるだけでなく、人と人との関係性を紡ぐ役割があるという点は重要です。これはある発言が、情報伝達か関係性構築かといった二項対立にあるのではなく、対人関係機能面をより多く担う発言ややりとりがあるということです。２章でとりあげる「雑談」では、これについて詳しく考えます。

対人関係機能面を考える際に有効なのが、ポライトネスとアコモデーションという考え方です。

## ポライトネス

ポライトネス（politeness）ということばを聞けば、まずそこから連想されるのは「敬語」や「礼儀正しさ」といったことでしょう。しかし、ポライトネスは、もっと広い概念を指し、円滑な人間関係を築き、衝突を避けるためのことばの使い分けや言語行動のことを言います。たとえば、先生に何かお願いをする場合には、間違っても「レポート添削しろ」といったような命令形は使わずに、「先生、お忙しいところ大変申し訳ないのですが、レポートの添削をお願いできますでしょうか」といった間接的な表現を使うでしょう。また、いつもぞんざいな言葉づかいで話しかけているお母さんに、お小遣いをねだる時には、「お小遣いちょうだい」といったストレートな表現を避け、できるだけ間接的な言い回しを選ぶでしょう。このような間接的な表現だけでなく、ファーストネームで呼んだり、親しい先輩には敬語をあえて使わないといった、相手に親しみを表すようなことばの使い分けもポライトネスに含まれます。

ポライトネスにおいてカギとなる概念が、フェイス(face)です。フェイスとは、社会の成員であれば誰でももつ社会的自己像で(いわゆる日本語の「面子」や「対面」とも近い)、言い換えると、対人関係上の基本的な欲求であり、そこには二つの相反する側面があるとされます。一つは、他者に立ち入られたくない、自分の行動を妨げられたくない、といったような「他者と距離を置きたい」という欲求であるネガティブ・フェイスで、もう一つは、誰かに理解されたい、仲間として認められたいといった「他者との距離を縮めたい」という欲求であるポジティブ・フェイスです。

二つの相反する欲求を具体的にイメージするのに、哲学者であるアルトゥル・ショーペンハウアーの寓話「ヤマアラシのジレンマ」から考えてみましょう。「ある冬の寒い日、ヤマアラシたちが暖を求めて集まった。ところが、互いのトゲによって刺されるので、離れざるを得なくなった。しかし再び寒さが彼らを駆り立てて、同じことが起きた。そんなことを繰り返しているうちにちょうどよい距離を見つけることができた」という話です。ヤマアラシを人にたとえれば、円滑な人間関係を構築するのに「他者と距離を置きたい」欲求と、相反する「他者との距離を縮めたい」欲求の両方に配慮する言語的ふるまいが求められることがわかります。

言語学者のペネロペ・ブラウンとスティーヴン・レビンソンが提唱したポライトネス理論で

は、この対人関係に関わる正反対の(相矛盾する)フェイスに対応して、ポジティブ・フェイスに配慮した言語行動をポジティブ・ポライトネス、ネガティブ・フェイスに配慮した言語行動をネガティブ・ポライトネスとします。

ある言語行動がどの程度フェイスを脅かすかについては、「聞き手と話し手の心理的距離」「聞き手と話し手の力関係」「ある文化においてその発話がフェイスを脅かす深刻度」の三つの変数の和で求められます。たとえば、「依頼」という発話行為を考えるとき、フェイスを脅かす深刻度が高い場合には、間接的な表現を使う(ネガティブ・ポライトネス)ということになります。

①親しくない(心理的距離が大きい)上司に、明日打ち合わせの時間を取ってほしいと依頼する場合と、②一緒に食事をしている親しい友人のそばにあるタバスコを取ってほしいと依頼する場合を考えてみましょう。どちらの方が、より間接的な表現、どちらが直接的な表現を使うでしょうか？　①は「お忙しいところ大変申し訳ないのですが、明日打ち合わせのお時間をとっていただけないでしょうか」で、②は、「そのタバスコ取って」といった表現になるのではないでしょうか。

日本語は、相手と距離を置くための言語ストラテジーである敬語が体系として確立しているため、まず思いつくのがネガティブ・ポライトネスですが、「親しみ」を表す言語表現、つまり相手のポジティブ・フェイスに配慮した言語的ふるまいも、円滑な人間関係の構築・維持に重要な役割を担っています。

## ポライトネスの実例

筆者は、以前、好感度の高いテレビコマーシャルの言語的特徴について調査したことがあります。調査でわかったこととして、コマーシャルの対象となる商品やサービスが若者向けであるコマーシャルでは、常体(〜だ)を基本レベルとして、「はあー、メチャすっきり」「はら減ってる」といったようなごく親しい友人との会話に用いる非常にくだけた話体、オノマトペや語呂合わせ、造語が多用されていました。一方、年齢の高い人向けのコマーシャルでは、丁寧体(〜です、〜ます)の使用が基本で、友達に話すような口調は非常に少ないけれども、親しみを表す終助詞(〜だよね、〜ちゃう)が使用されている例が見られました。ここからも、親しみを示すポジティブ・ポライトネス・ストラテジーが有効に機能していることがわかります。

ミクロからマクロに視点を移してみましょう。方言の使用は、ポジティブ・ポライトネスとして同郷の相手に親しみを示したり、同じ方言を使用することで、結束を強めることにもつながります。「おらほのラジオ体操」について紹介しましょう。

東日本大震災の被災地復興支援プログラムとして、株式会社マッキャンヘルスケアワールドワイドジャパン(東京都港区)が企画立案したプロジェクト「お国ことばでラジオ体操」において、石巻日日新聞社、ラジオ石巻などが協力して、「おらほのラジオ体操第一」を制作しました。これは被災地住民の健康増進と地域のコミュニティ再生を目的に、ラジオ体操第一の原曲音源に東北弁(石巻のことば)の号令を付したものです。「おらほ」は石巻の言葉で「わたしたち」の意味です。

「おらほのラジオ体操」撮影には、様々な年代の一般市民が参加しています。この映像や音源に、ほっこりとした気持ちになり、笑顔や元気をもらった方々もおられたようです。そして、ラジオ体操を通して、多くの方々が身体を動かすきっかけになったそうです。これが、人々を元気に笑顔にする優しいコミュニケーション、言葉の力ではないでしょうか。

2章で扱う「雑談」や3章で扱う積極的な「聞き手行動」は、ポジティブ・ポライトネスに関わる言語活動です。他にどのような言語的なふるまいが、ポジティブ・ポライトネスとして働くか、日常生活におけるコミュニケーションをふりかえり考えてみてください。

## スピーチ・アコモデーション

アコモデーション理論について紹介しましょう。

幼稚園の参観における先生からの挨拶です。

「みんな、おはよう。元気な人？　はーい！　今日は何の日かな？　お友達だけじゃないね。たくさん人がいますね。嬉しい人？　ほんとに嬉しいね。みんな一生懸命練習してきたおゆうぎ見てもらおうね。みんながんばろうね。皆様、本日はご多忙の中お越しいただき本当にありがとうございます。日頃よりご支援いただき感謝申し上げます。本日は一日お子様たちの活躍をどうかお見守りください」。

最初から最後まで同じ話し方をしているでしょうか？

途中でスタイルが変わったことは明らかです。最初は園児たちに向かって話されていたのが、「皆様」からは保護者に向けて話しているのがわかります。このように、話す相手によって話し方を変えるということはよくみられることです。話し手は、聞き手に親しみを示すために、聞き手の使っている言葉や話し方に同調し、自分自身の話し方をそれに近づけたり似せたりすることが見受けられます。こうした傾向に従って言語行動をとっていると考えるのがアコモデーション理論です。聞き手に好意的にとらえられれば、プラスに機能し対人関係構築に役立ちます。右記でも、幼稚園の先生は、園児たちの話し方に合わせて、簡単な表現を使っていますし、保護者向けには、大人が話すように、敬語を用いた話し方にしています。

アコモデーション理論で思いだすのが、国会議員の小泉進次郎氏です。小泉氏が応援演説や講演会で地方に行った際の演説や講演の始まりを紹介しましょう。

「こったら寒い中、よくおんでやんした」(八戸市)
「やっぱり宇都宮と言えば餃子だんべ」
「雨ん中よう集まってもおておおきに」(滋賀県)
「佐賀のみなさん、こんにちは、こがい集まってもろうてがばんよかった」
「こぎゃん集まってもろうて、ほんまごっつ嬉しか」(熊本県)

それぞれの訪問先の方言から挨拶を始めることで、聞き手が大きな拍手をしたり、歓声がわいたりして盛り上がります。聞き手に合わせて自分もまねて話すことで、聞き手に親しみを示し、聞き手からプラスに受け止められ、対人関係上効果的に機能していることがわかります。

海外から来日した歌手やタレントが、コンサートやテレビで「みなさん、こんにちは。日本に来れてうれしいです」といったように慣れない日本語で挨拶するのも、アコモデーション理論から説明できる事例でしょう。

また、海外からの観光客に、「すみません、京都駅に行きたいです」と日本語で聞かれたら、できるだけ簡単な表現や語彙を使って答えるのではないでしょうか。母語話者が非母語話者に話すスタイルは、フォリナートークとも呼ばれます。

スピーチ・アコモデーションを、ミクロからマクロに視点を移して応用して考えてみましょう。相手の話し方に合わせる、言い換えれば歩み寄るという視点から生み出されたのが「やさしい日本語」です。「やさしい日本語」は、通常の日本語より簡単で、外国人にも配慮したわかりやすい日本語です。一九九五年に起きた阪神・淡路大震災では多くのひとびとが大変な被害を受け、その中には、日本語を十分に理解できない外国人もおられました。「こんな時に必要な情報が得られない、相談できる人がいない……」、そういう人たちが、災害発生時にできるだけ早く正しい情報を取得し、適切な行動をとれるように考え出されたのが「やさしい日本語」です。

「やさしい日本語」は、日本語学習者が初期の段階で学ぶ約二〇〇〇の単語と単文を主としたシンプルな構造でできているので、日本語を学び始めた外国人に対して、災害時にも大切なことが伝わりやすい表現になっています。今では、災害時だけではなく、生活情報を伝えることを目的とした「やさしい日本語」でもあり、日常生活において交流する際にも使われています。「やさしい日本語」は、外国人はもちろん、小さな子どもや高齢者、障がいがある人など、通常の日本語による受信という点では、情報弱者となる様々な人に配慮したコミュニケーション方法の一つです。「やさしい日本語」は、情報弱者となる多様なひとびとに、社会として歩み寄ろうとする取り組みだと考えられます。

## コミュニケーションは一方向?

学生たちが頻繁に口にするのが「コミュ力(コミュニケーション能力)つけたい」という言葉です。「じゃあ、コミュ力ってどんな能力?」と聞くと、返ってくるのはたいてい「自分の意見を相手にわかりやすく伝える力」「わかりやすく伝えるプレゼンテーションの力」「論破する力」といったように、「話し手」の視点に立った表現ばかりです。

コミュニケーションは、話し手から聞き手に伝えるという一方向なのでしょうか?

アメリカの社会言語学者であるデル・ハイムズが一九七〇年代にコミュニカティブ・コンピテンス(communicative competence)を提唱しました。これには、文法的に正しい文を作るだけではなく、いつ、だれに対してどのように話すのかといった言語使用の適切さに関する能力も含まれているのですが、当初は、「伝達能力」と訳されていました。当時は、コミュニケーションを、話し手中心でとらえていたことがうかがわれます。

テクノロジーの進化に伴い八〇年代後半くらいから、実際の会話を収録して分析するという研究方法が、積極的に取り入れられるようになってきました。実際のことばのやりとりの有り様を考察すると、話し手が伝達することがコミュニケーションの中心ではなく、話し手と聞き手が相互に入れ替わり、ことばのキャッチボールをしながら協働して会話を構築していくことがわかり、聞き手の行動の重要性も認識されるようになりました。

そのころから、「伝達」という表現よりも、コミュニケーションないしは相互行為(インタラクション)という表現が使われるようになってきました。ですので、現在では、communicative competence はコミュニケーション能力と訳されています。

社会言語学では、コミュニケーションは、話し手と聞き手の相互行為であるととらえます。この双方向のとらえ方は、優しいコミュニケーションに親和的です。3章であらためて、聞き手や聞くことに焦点を置いて論じます。

# 2章

# 雑談のススメ

コミュニケーションの機能として、情報伝達と同じくらい重要なのが、人と人との関係を紡ぐ機能です。2章では、対人関係機能面を担う例として、「雑談」をとりあげます。近年「雑談力」ということばが定着するくらい、社会的にも雑談が注目されています。とりわけ、コロナ禍で対面のコミュニケーションが極端に制限される状況においては、多くの人があらためて「雑談」の重要性に気付いたのではないでしょうか。

一方、雑談は、「雑」な談と書きます。英語では、“small”な talk です。これらはたいして重要でもないという意味ですが、雑談は本当にコミュニケーションにおいて「雑」で“small”な役割しか担っていないのでしょうか？　本章では、優しいコミュニケーションという観点から「雑談」について考えてみましょう。

## 制度的談話と非制度的談話

皆さんは、雑談と言えば、どのようなやりとりを思い浮かべるでしょうか？　友達とのたわいない話、昼食時間の会話、美容師さんとの会話、営業先でのクライアントとの会話、会議の休憩時間の会話等、人によってさまざまな状況を思い浮かべることでしょう。

このような会話は、制度的談話と非制度的談話の二つに大別できます。制度的談話とは、制度的な場面（教育、医療、ビジネス等）で、社会的な（制度上の）役割を担っている人々の間で行われるやりとりのことです。たとえば、先生と生徒、医師と患者、課長と課員、店員とお客さんとのやりとりがこれにあたります。共通した特徴としては、達成すべき課題があること（授業であれば知識の伝達、医療であれば診察と診断、ビジネスであれば組織の目的達成、セールス場面では販売等）や、参加者間にパワーの差があるといったことがあげられます。一方、非制度的談話は、いわゆる日常会話のことです。雑談は、制度的談話、非制度的談話のいずれにおいてもみられます。

## 雑談をめぐる研究

雑談の研究は、ことばの交感的使用（phatic communion）に初めて着目した人類学者のブロニスワフ・マリノフスキーの研究にまでさかのぼります。

交感的言語使用とは、情報を求めたり伝えたりするのではなく、人と人との結びつきを確立したり保持したりする社会的機能を果たすコミュニケーションのことで、「こんにちは」といった挨拶や、「久しぶり、最近どう？」「元気元気」「お出かけですか？」「ちょっとそこまで」「もうかりまっか？」「ぼちぼちでんな」といったちょっとしたことばのやりとりがこれに含まれます。マリノフスキーは、交感的言語使用の主要な目的を、沈黙を避けることで対人的脅威を避けることとし、情報伝達という観点からは、目的を果たさないと否定的にとらえていました。

確かに情報伝達という点では、このようなことばの交感的使用は、無目的ととらえられるかもしれません。ことばの起源を考える際、狩りなど複数人で行う際にコミュニケーションをとるために生まれてきた、つまり情報を伝達するために生まれてきたと考えることが一般的でしょう。

しかし、ことばの起源は、情報伝達ではなく、良好な関係を築くためだという考え方もあるのです。これが、進化生物学者・人類学者のロビン・ダンバーの説です。サルの集団が大きくなって「毛づくろい」ができなくなったとき、それに代わるコミュニケーション手段として生まれたのが人間の「ゴシップ＝言語」だったというのが彼の仮説です。毛づくろいは、動物が進んで他の個体の同盟者として行動しようという意欲と密接に関係した行為で、高等霊長類では、群れが大きいほどその時間が長いということです。ことばは、人間が大規模な群れに必要な毛づくろいの時間を確保できなくなったため、これに代わるものとして進化したと考えたのです。ここでいうことばとは、内容のないことばの交わし合い(ゴシップ、雑談)とされます。雑談は人と人の関係性を紡いでいくという観点から非常に重要であり、人と人との関係性を紡ぐことが、むしろ言語使用の主目的だとも言えるのかもしれません。

社会言語学からのアプローチで、二〇〇〇年に、初めての体系的な研究書"Small Talk"が出版されました。雑談を、談話の中で会話参加者がダイナミックに共同で構築する相互行為としてとらえたのです。談話の対人関係に関わる機能(phaticity 交感性)は、参加者同士によって相互的かつダイナミックに構築されるため、雑談か非雑談かの二項対立ではなく、両者を連続性があるものと考えました。

日本語による雑談の体系的な書籍としては、筆者らの共同研究の成果である『雑談の美学――言語研究からの再考』があげられます。

## 雑談と非雑談を決める三つの指標

談話は切れ目なく展開し、これが「雑談」これは「雑談ではない」と分けられる場合ばかりではありません。そこで、「雑談」か「雑談以外」かの二項対立ではなく、雑談性という指標

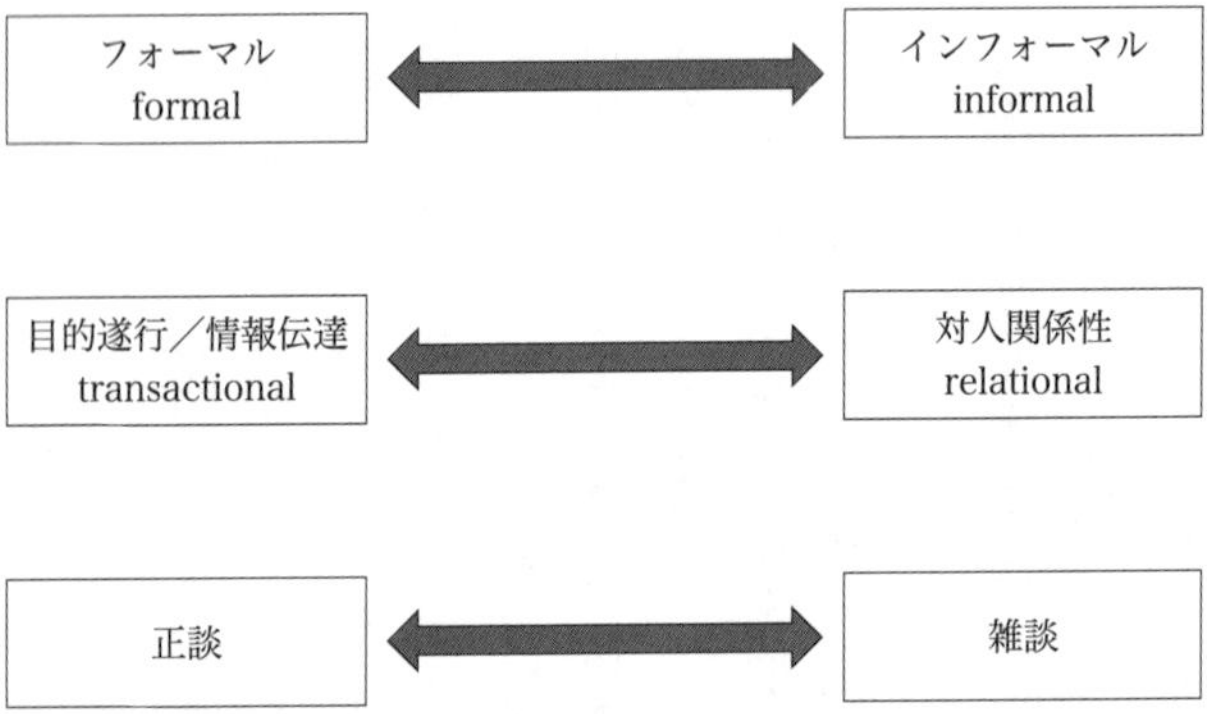


**図 2-1　雑談性の指標**

でとらえようとしたのが、筆者らの共同研究です。次の三つを提案しています（図2-1）。

まず、雑談は、会話の起きる状況のあらたまり度に関連します。雑談がみられるのは、家族や友人などの仲間内といった「私的でインフォーマルな」場面ばかりではありません。制度的談話でみられる雑談を思い浮かべるとどうでしょうか？　たとえばビジネスの場であれば、フォーマルな中でもインフォーマルな色合いの強い場面（たとえば、朝オフィスに入ってきたときや休憩時間）で雑談していませんか？　状況のあらたまり度は、会話スタイルのあらたまり度にも連動します。フォーマルな状況では、あらたまった話し方、日本語では敬語が想起されるでしょう。インフォーマルな状況では、くだけた話し方や方言、ユーモアや笑い、話の盛り上がりが想起され、こういった会話スタイルが雑談で用いられる傾向があります。

続いて、「目的遂行型（情報伝達型）」との対比があげられます。言うまでもなく、雑談は対極にある「対人関係調整型」です。これと関連して、「雑談」の対極を仮に「正談」と名付けることにします。正談は、情報伝達や問題解決を中心としたタスク遂行のための会話である一方、雑談は対話の相手との関係性を構築・維持し、参加者間のラポール形成（共感を伴う心理的なつながり）を促進し、場の空気を作ることを優先した会話です。

正談の会話内容は雑談と比べてより叙述的であり、会話の本題に沿っていて目的も明確です。これに対し雑談は、いつの間にか自然に発生し、時として会話を本題から脱線させる場合もあります。また、タスク遂行が直接の目的ではないことから、話の内容も特に定まっておらず、それゆえにいつでもやめる可能性を有する会話と言えるでしょう。

雑談とそうでない談話は二項対立というよりは連続性があるととらえることができます。

## 制度的談話にみられる雑談――職場談話、ミーティング

制度的談話である職場談話にみられる雑談について考えてみましょう（図2-2）。

社会言語学者のジャネット・ホームズは、職場談話をビジネス中心の話、仕事に関連する話、

| 仕事中心の話 | 仕事に関する話 | 社交的な話 | 交感的言語使用 |
|---|---|---|---|
| | | ← 雑談 | → |

出典：Holmes 2000: 38 をもとに筆者が作成

**図 2-2　職場談話における雑談の定義**

社交的な話、挨拶のような交感的言語使用の四つの話題に分類し、社交的な話と交感的言語使用を雑談と定義しています。しかし、一方で、これら四つの話題ははっきりと区切れるものではなく連続体を成します。雑談を社交的な話題から交感的言語使用の連続体に入る話と位置付けてはいるものの、仕事に関する話まで含まれる場合もあるでしょう。たとえば、取引先についての裏話やゴシップ等は、仕事に関連する話題ではあるものの、参加者間の連帯感を増すという機能もあるため、ここまでは仕事に関連する話でここからは雑談といったように、はっきりと線を引くことはできません。

　これは、先述した雑談性の指標にも通じるとらえ方です。とりわけ、制度的談話においては、談話の対人関係に関わる機能は、参加者によって相互的かつダイナミックに構築されるため、雑談か非雑談かの二項対立ではなく、連続性があるとみなすべきであるということです。どの発話も、同時に多様な機能をもっており、対人関係に関わる機能が突出する話を雑談ととらえ、話題と機能は一対一対応ではないということです。

　雑談はユーモアと並び、職場談話の典型的な、人と人との関係を紡ぐ言語実

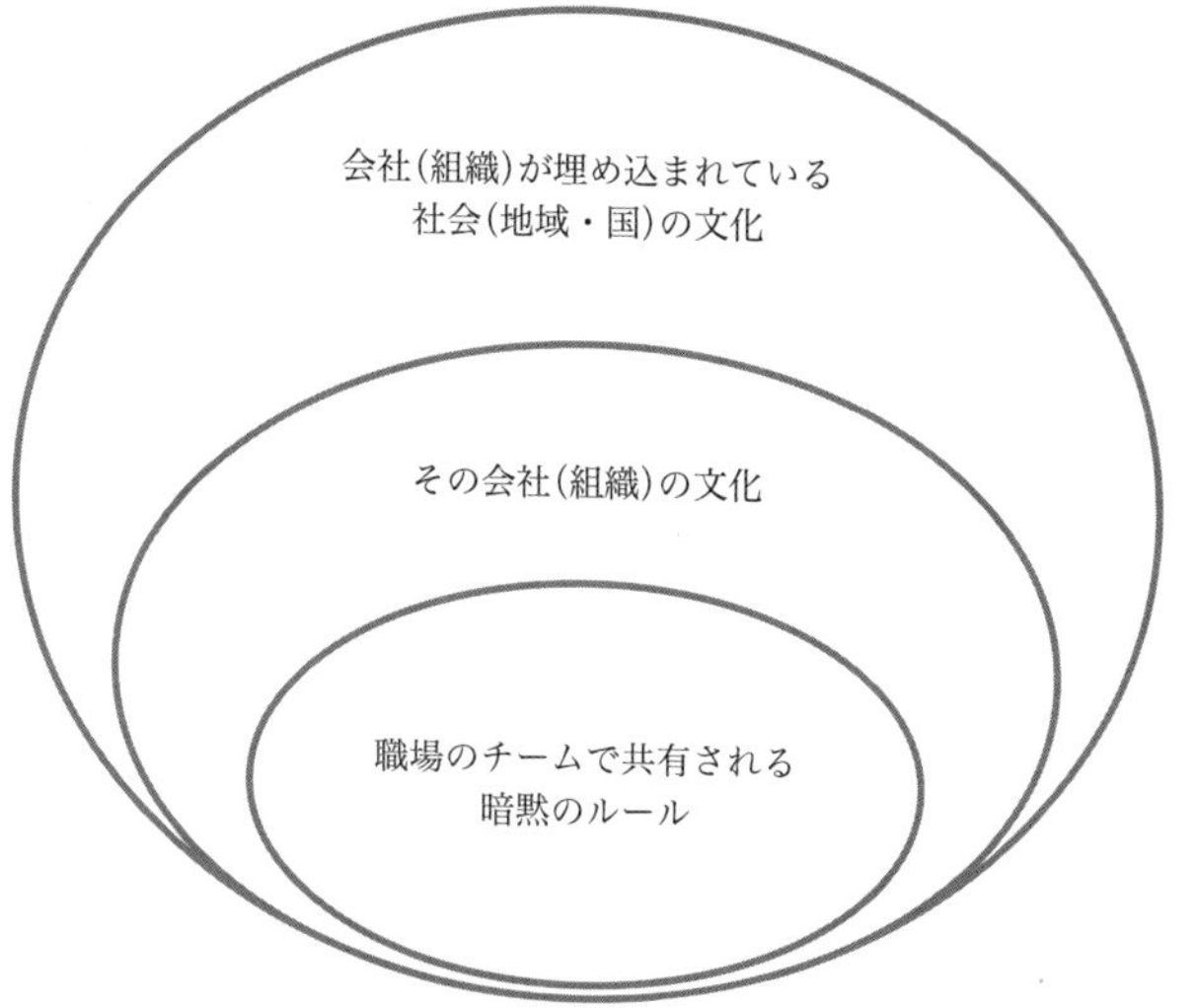


**図 2-3** 異文化間コミュニケーション

践(relational practice)です。このような機能を担う言語的ふるまいは、相手のフェイスへの配慮として働くと同時に、業務遂行にとってもプラスに働く点が指摘されています。加えて、人と人との関係を紡ぐ言語実践は、職場文化のみならず、国の文化からの影響を受ける点も指摘されています。職場のチームメンバーが共有する談話行動に関する暗黙のルールは、そのチームが属する会社や組織の文化から影響を受け、さらにその外側の、その会社や組織が埋め込まれている社会、つまり国・地域の文化にも影響を受けるということです。

人と人との関係を紡ぐ言語実践は、異文化間コミュニケーションでは、しばしばミ

| 話し合いの本題 | 話し合いに関連する話題 | 社交的な話題 | 交感的言語使用（挨拶等） |
|---|---|---|---|
| 正談 | ◀…… | 雑談 | ——▶ |

図2-4　ミーティングにおける雑談の定義

スコミュニケーションにつながるのです。国を超えた異文化のみならず、同じ国であっても、職場文化が大きく異なっていれば、異文化間コミュニケーションととらえることができるでしょう（図2-3）。

職場談話のなかで、筆者が研究を進めてきたミーティングをとりあげましょう。ミーティングはある組織や集団に関する何らかの目的のために、意見交換をしたり、課題解決を考えたり、意思決定や合意形成を行う集まりで、ビジネスだけでなく公的な集まりも含まれます。ミーティング談話は一つのジャンルを形成し、開始部―展開部―終結部といったそれぞれのセクションで行われるやりとりも含めて、さまざまな特徴を共有します。

ミーティング（話し合い）に絞って、雑談を位置づけてみましょう。先にあげた定義を応用し、雑談を「正談」（話し合いの本題についての談話）と対比して、「話し合いの本題から逸脱した話題で、対人関係機能面をもつ談話」ととらえ、社交的な話題と交感的言語使用に限定せず、その談話のもつ機能によっては本題に関連する話題も含むものとします（図2-4）。

ビジネスミーティングにみられる雑談についての実証研究で共通して指摘さ

れているのが、雑談は、ミーティングメンバー間の連帯感を強めたり、メンバーシップを築くために重要な役割を担うという点です。雑談はミーティングのどこで起こるのでしょうか？これまでの議論から想像できるように、ミーティングの周辺部で起こる傾向があります。ミーティングの構造をミクロレベルでみると、トピックが変わる部分やその周辺部に起こる傾向があり、マクロレベルでみると、ミーティングの開始前が雑談の起こる典型的フェーズです。

ミーティングの開始前とは、参加者が集まって本題に入る前までのフェーズです。ミーティング前でどのようなやりとりが起こっているか、筆者の研究を紹介します。ビジネスミーティング、続いて公的なミーティングであるまちづくりの話し合いについてみていきましょう。

## ビジネスミーティング前の雑談――ニュージーランドとの比較

筆者は、ニュージーランドの会社（以下N社）および日本の会社（以下J社）の様々なビジネスミーティングを録画・録音し考察しました。これから紹介するのは、名称があり（N社はmanagement meeting、J社は経営戦略会議）、定期的に開催され、社長や役員を含む一〇名以上が参加するフォーマルな会議です。参加者が誰も来ていない会議室に収録機器をセッティングしました。参加者が三々五々集まって会議が開始するまでに焦点をあて、どのようなやりとりが起こっているのかを考察しましょう。

会議室に集まってきた参加者たちは、どのようなトピックについて話していたのでしょうか？　ミーティング開始前の雑談についての先行研究では、挨拶、参加者、身の回りのもの、目下の行動があげられていましたが、J社、N社ではどうだったでしょうか？　実際の例をみましょう。

・J社の例

1　吉岡　［ペットボトルの飲み物を飲んで溜息］
（24・0）
2　千田　カロリーゼロのやつ。前飲んだやつ。味なかった。そんなことないですか？
3　岡　あんまりな。
4　千田　ああ、そうそう、ダイエット。
5　岡　ふーん、何の情報やろ、ふーん。
（2・0）
6　千田　［笑］（　）全然（　）

7　岡　何がつながってんねん？(2・0)　シュガーシロップ？　違う？　シュガーシロップ。
8　千田　甘いんでしょうね。甘い、甘いすね(　)しょう[笑]

吉岡が飲んでいるペットボトルの飲み物(身の回りのもの)について、隣に座っている千田と岡が話しています。J社のデータでは、挨拶、参加者、身の回りのもの、目下の行動といった先行研究とほぼ一致するトピックの雑談がみられました。

・N社の例

1　Harry　And we've got a demo as well I think haven't we.　私たちもデモンストレーションすると思うんだけど。
2　Evan　A demo?　デモ？
3　Paul　Oh we got a demo.　そうそう、デモがある。
4　Evan　Have we + great.　そうなんだ、いいね。
5　Harry　(Oh just the)

6 Paul Retail. 小売りのことで。

7 Harry Yeah. そう。

8 Paul Oh play it on that [with pointing to the projector that he will use at the meeting] [会議で使うプロジェクターを指さしながら]あれ使います。

9 Evan Actually Wendy brought home a data projector from 〈organisation〉 yesterday/+ \cos she's she's having a hui (gathering, meeting) at home this morning with a number of the staff from 〈organisation〉. 実は、ウェンディが職場から昨日、プロジェクターを、家に持って帰ってきたんだ。彼女、彼女は今日家でスタッフと集まりがあるんだ。

10 Paul /Mm\. At home? んー。家で？

会議でデモンストレーションするために用いられるプロジェクターについての話題（身の回りのもの）から想起されて、パートナーが職場からプロジェクターを持って帰ってきたという話題に移っています。このように、N社データでは、参加者、身の回りのもの、目下の行動といったトピックに誘発されたトピック（必ずしも先行研究で指摘されていたトピックには限らない）

| J社：会議開始前12分<br>(仕事の話題7分10秒) | N社：会議開始前8分<br>(仕事の話題26秒) |
|---|---|
| 差し入れのチョコレート<br>**今朝のセミナー**<br>**会社の製品**<br>**出張費**<br>**今日の議題**<br>チョコレート(配布)<br>**今朝のセミナー**<br>**参加者**<br><br>ミーティングの開始 | 挨拶<br>**仕事関連の書類**<br>出されている食べ物<br>**今日のミーティング(デモについて)**<br>**プロジェクター**<br>集まり<br>{プロジェクター<br>参加者の車<br>出されている食べ物<br>ある参加者の席<br>ある参加者の洋服<br>{**プロジェクター**<br>携帯メール<br>(不明)<br>ミーティングの開始 |

{ は，参加者が複数のグループに分かれて別のトピックを話している状況を示す
太字は仕事に関連するトピックを示す

**図2-5** J社とN社の会議開始前のトピックの分布や展開の仕方

の雑談が多くみられました。

続いて、トピックの分布や展開方法について、J社とN社のミーティング開始前のフェーズを各一例ずつ取り上げて比較しましょう(図2-5)。

J社の会議前には八つのトピックについて話されていて、そのうち仕事に関連するトピックは六つでした。一方、N社の会議前には一四のトピックについて話されていて、そのうち仕事に関連したトピックは四つでした。N社データでは、ミーティングを待っている人がいくつかのグループに分かれて、別のトピックで話すという状況も複数みられました。

続いて、同じ状況における雑談の違いに着目します。それぞれの会議前で、差し入れとしてチョコレートが持ってこられたという類似した状況があり、その時の会話を紹介します。

・J社

1 芦沢　住吉、これ、席にこれ、配ってくれる?
2 住吉　はい。
3 芦沢　村田さんからお土産。みんなに一個ずつチョコレート。あのー、終わった後、これ、お礼言うといてよ。

・N社

1 Harry　[goofy voice]: Oh. +　〔おどけた声で〕おー。
2 Sharon　No they're /all mine\.　ちがうよ、全部私の。
3 Veronica　/No that's for\Sharon /as we're going through the meeting\.　違うよ、シャロンのだよ。だってこれからミーティングなんだから。
4 Sharon　/[laughs]\　〔笑〕

5　Paul　Good grief!　やった！

6　Sharon　No they're not.　（ハリーがチョコを取ろうとしている）違うってば。

7　[laughter]　[笑]

8　Jason　Oh chocolate oh dude /[drawls]: oh:\.　おー、チョコレートだ。

9　Harry　/Happy birthday\Sharon.　（その日シャロンの誕生日ではないが）お誕生日おめでとう、シャロン。

筆者が調査協力のお礼に渡したチョコレートが、会議に持ってこられました。J社では、上司がチョコレートについて説明し、他のメンバーは黙って聞いているという展開です。では、N社ではどうでしょうか？　会議前に、シャロンがチョコレートを持って会議室に入ってくるというシーンです。シャロンはみんなで食べるために持ってきたのですが、おもしろおかしく「全部私の」と言い、これに続いて、他のメンバーも笑いを伴いながら会話を展開しています。このようにN社では、参加者たちが次々とチョコレートをめぐってユーモアを交えて一緒に会話する様子がみられました。両社の会話の展開は対照的です。

最後に、J社に特徴的なシーンがあったのでそれを紹介します（図2-6）。

図 2-6　会話の様子

1　上木　来られた。
（112・0）
2　江本　（　）
3　上木　合わないですよね。合わないですよね（　）
4　江本　お金と（　）お金と（　）社会保険が（　）
5　上木　うん？
6　江本　社会保険事務所に確認したら（　）〈会社名〉
（　）何を基準に（　）
7　上木　（　）
8　江本　（　）
9　上木　（　）
10　江本　（　）
11　上木　（　）
（160・0）

12 江本（　）
13 上木（　）
（120・0）
14 上木（　）
15 江本［笑］

雑談の主要な目的として、沈黙を解消することがあげられます。N社の会議前のフェーズでみられた最も長い沈黙は三六秒で、会議前に書類を読んでいる場面でした。これは、何かしらの活動（作業）をすることで起こる沈黙でした。一方、J社の会議前のフェーズでは長い沈黙が多く、イラストが示すように会議の始まりを待つ参加者二名が、録音できないくらいの音量でときどき言葉を交わすものの、それ以外は黙って時間を過ごすという状況が見受けられました。このことからは、沈黙が必ずしもネガティブにとらえられているわけではないと考えられます。

以上、二つの会社の実際のビジネスミーティングの収録データにみられる、会議開始前の雑談を、事例を交えて紹介しました。N社とJ社の会議前の雑談の様子は、ずいぶん異なることがわかります。N社は、複数名の発言が重なり、参加者が次々とたたみかけるように協働して雑談を展開し、ユーモアを伴った快活なトーンが印象的でした。一方、J社は、沈黙が多く、職場談話として想定されるようなトーンでした。雑談は参加者間の連帯を築く役割を担うとされていますが、雑談を通した連帯感の築き方、言い換えれば、相互行為の展開のありさまが、N社とJ社では異なっていることがデータから明らかとなりました。

この様子だけからだと、N社はみんなで楽しく話している、つまり雑談が参加者の連帯を築く役割を担っていることが明らかだと感じられる一方、J社ではそうとは言えないと思われるかもしれません。しかし、J社では、会議後のやりとりで特徴的なシーンが見られました。

東京支社から新幹線で会議が行われる関西に向かったところ、新幹線のトラブルで到着が遅れてしまった参加者に対し、会議が終わってから一人の参加者が、その人のところに向かい「今日は大変でしたね。お疲れさまでした」と声をかけ、その後二人で話していました。また、ある時は、若いスタッフが会議で発言の際、自信なさげに小さな声で話していました。会議後、一人の参加者がそのスタッフにかけより、「不安なこともあるかもしれないけど、がんばって」と声をかけていました。このような雑談は、参加者間の連帯を築く役割を担っていると言えるでしょう。

雑談の生起の仕方は、職場文化や言語文化によって異なるという点が重要です。皆さんの職場はいかがでしょうか？

## まちづくりの話し合いとファシリテーター

ひとくちに「まちづくり」と言っても様々なとらえ方がありますが、ひとまず本書では、地域環境、地域経済、地域社会の質的な向上をめざして、私たちの暮らしを地域という場で設計するプロセスや実践であるととらえることにします。従来、まちづくりは行政主導のトップダウンで進められることが多かったのですが、近年、まちづくりをめぐり市民参加型の話し合いが取り入れられるようになってきました。

まちづくりの話し合いについて簡単に紹介します。筆者がこれまで現場の収録やフィールドワークを行ってきた話し合いは、まちづくり系ワークショップと呼ばれる方法で行われているものです。まちづくり系ワークショップは、住民参加の話し合いの手法として注目され、課題探究・解決、合意形成の手法としてまちづくりのプロセスで広く用いられています。図2-7のように、五～七名程度の小グループにわかれて、各テーブルで進行役であるファシリテーター（FT）のもと話し合いを行い、全体の進行は総合司会が務めるといったもので、話し合いの長さも半日から数日間にわたるものまでさまざまです。

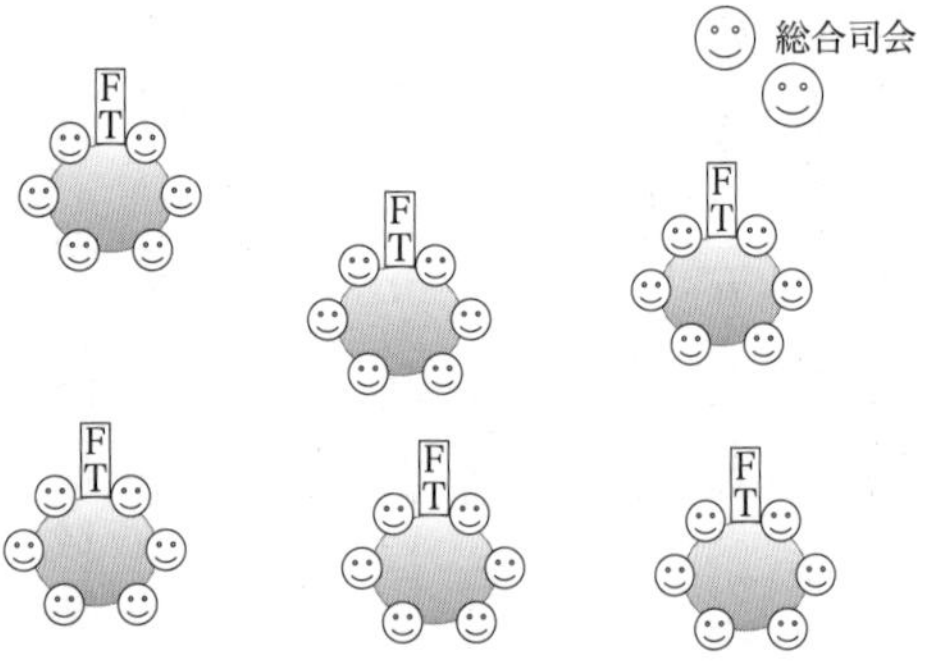


**図2-7**　ワークショップタイプの話し合いの手法

筆者が研究してきた市民参加型の話し合いにおいて、重要な役割を担うのが、ファシリテーターでした。ファシリテーターとは、議論に対して中立的な立場で議論を進行しながら参加者から意見を引き出し、合意形成に向けて提案をまとめる調整役で、近年社会活動や地域住民活動においてその役割が注目されています。

まちづくりの話し合いには、以下のような特徴があります。

①産官学民といったセクターを超えた価値観や利害の異なる人々によって行われる。
②当該テーマについての参加者の知識量も不均衡である。
③参加者は、住む、働く、学ぶ等で共通の地域に今後も長期的に関わる可能性が高い。
④参加者は、立場を超えて継続的に協力していくことが求められる場合が多い。

多くの場合、話し合いの参加者は知り合い同士という関係ではなく、所属も年齢も多様であるし、話し合いのテーマについての情報量もメンバーによって異なります。このような話し合いの場で、雑談はどのように行われ、どのような役割を担っているのでしょうか？　そして、話し合いの場で重要な役割を担うとされるファシリテーターには、雑談をめぐり、どのような言語的ふるまいがみられるのでしょうか？

## 本題に入る前に着目する

まちづくりの話し合いは、同じミーティング談話である職場の会議やうちあわせと比較すると、本題に入る前のフェーズが特徴的です。どのようなところが特徴的なのでしょうか？

何よりもまず、本題についての議論である「正談」に入る前に、参加者同士の自己紹介を行うという点があります。話し合う前のメンバー同士の自己紹介と言えば、せいぜい名前と所属を述べ合うシーンを想像しますが、実際の自己紹介の相互行為は、想像をはるかに超えて長い時間が費やされる場合が多いようです。話し合いチームの参加者の人数（五～七名）によっても異なりますが、おおよそ三〇分から一時間がこれにあてられます。そして、参加者同士が自発的に自己紹介を行うというのではなく、ファシリテーターによって進められます。

話し合いの冒頭で、ファシリテーターから、ワークショップやファシリテーターについて紹介された後、自己紹介の仕方について説明されます。自己紹介のフェーズでよく用いられるのがＡ３ないしはＡ４の白紙です。四つ折りにして、それぞれの空欄に対応するように、ファシリテーターから参加者に四つの質問が投げかけられます。それぞれの答えを記入して発表するという方法です。たいていは、氏名、所属といった質問に加えて、三つ目は自己開示につながるような質問、四つ目は話し合いの本題に関わる質問です。図２-８が一例です。

自己開示につながるような質問として、たとえば「趣味」「昨日の夕ごはん」「一番リラックスするとき」「自分を動物にたとえると」「マイブーム」「今の気持ち」といったものがあげられます。いずれも難しい質問ではなく簡単に答えられるもの、加えて、答えながら気持ちが和んだり、思わず笑みがこぼれるような内容です。四つ目の質問として多いのが、話し合いの本題に関連するような問いです。たとえば、地域の子どもについて考える懇談会の場合は「地域の子どもについてのイメージ」といったように話し合いのテーマについてのイメージや、話し合いの本題に関連して自分自身が気になることは何かを問う質問がみられたり、「○○(地域名)のおすすめスポット」「○○(地域名)の好きなところ」「私だけの秘密の○○(地域名)」とい

| 名前<br>竹本隆子 | 今の気持ち<br>このような場は初めてなので，とても緊張しています． |
| --- | --- |
| 所属<br>N銀行○○支店<br>窓口でお客様担当です． | 最近の中学生のイメージ<br>みんなスマホを持っていて，SNSを使いこなしているイメージ |

**図2-8** 四つ折り用紙を用いた自己紹介の例

ったように、その地域について考えることができるような質問が用いられることが多いのです。

参加者(及びファシリテーター)は用紙に答えを書いた後、それを他の参加者たちに見せるように自己紹介を行います。「誰から始めましょうか？」というファシリテーターの問いかけに、誰かが名乗りを上げた場合を除いて、まずはファシリテーターから自己紹介が始まるのです。ファシリテーターが先に自己開示をすることで、参加者たちも自己開示がしやすくなると言えるでしょう。ファシリテーターの自己紹介に続いて、参加者の年齢や所属には関係なく、座っている順番に自己紹介が進められます。初対面(あるいはそれに近い状態)同士のグループで、まずファシリテーターから自己紹介をすることで場の緊張がほぐれていく様子や、ファシリテーターが詳しく長く話すことで、それにつづく参加者達の自己紹介も、自然と長くなっている様子が見受けられます。メンバーを肩書や年齢にかかわらず「○○さん」と呼んでいる点も興味深いです。

## 自己紹介での特徴的なふるまい

自己紹介の場面で、ファシリテーターの言語的ふるまいにいくつか共通した特徴がみられます。一つ目は、各参加者の自己紹介が終わったときのファシリテーターの応答です。

表現に違いはあっても、ファシリテーターは、自己紹介をした参加者にお礼の言葉や挨拶を述べ、率先して拍手をします。参加者の中で一番目の人が自己紹介をしても自然に参加者から拍手が行われる場合はまれです。ファシリテーターの拍手に促されて、他の参加者たちも拍手をし、これが暗黙のルールとなって、次の人の自己紹介の後は、自然と拍手が起こるようになるのです。

二つ目が、参加者が自己紹介をしている間のファシリテーターのふるまいです。相槌や、発言に対する肯定的なコメント、さらに詳しく尋ねる質問を投げかける等、積極的に聞いていることを明示する言語的ふるまいを行っています。これについては、次章の聞き手行動で詳しく紹介します。

自己紹介フェーズにおけるこのようなファシリテーターのふるまいは、初対面(あるいはそれに近い状態)である参加者同士がお互いを知り合い、肩書や年齢を超えて和んだ雰囲気で話し合いに臨めるようにという、配慮行動として機能しています。本題に入る前の話し合いの場作りが、ていねいに行われているのです。

加えて、図2-8で示した自己紹介用紙の四つ目に設定される質問も、重要な役割を担っています。本題に関わるトピックについて話し・聞くという相互行為を通して、自然と正談に入る前のブレインストーミングが行われているのです。同時に、本題周辺のトピックについても参加者同士が同じないしはよく似た意見をもっていたことで共感がめばえたり、異なる意見があることを知ることで対立よりも理解が起こり、メンバーシップが構築されることにつながっていくのです。

話し合いの最初の方から参加者同士のやりとりが活発なグループもみられますが、多くは、自己紹介が始まってしばらくは、ファシリテーターと各参加者とのやりとりが大部分を占めています。しかし、話し合いが進むうちに、参加者同士のやりとりも生じるようになってきます。参加者間のやりとりは、グループによって自己紹介の段階からの場合も、本題に入ってからの場合もあるのですが、だんだんと参加者同士のやりとりの場面が多くみられるようになります。そうなると、冗談も出てきて話し合いの場に笑いが起こったり、一人の参加者の発言中に、他の参加者たちが同時に頷いたりするといった様子が見受けられます。このような話し合いの場の変化からは、ファシリテーターと各参加者の間にラポールが生まれ、次第に各参加者間にも広がっていると考えられます。ラポールが形成した場では、参加者同士のやりとりも多く、活発な意見交換につながっていくのです。

正談に入る前のフェーズは、まちづくりの話し合いでは「アイスブレイク」と呼ばれていますが、このフェーズについてファシリテーターにインタビューしたところ、「話し合いの前のウォームアップとして大切にしている」「本題に入る前に参加者同士で会話が始まった場合には、その後の話し合いがうまくいく場合が多い」「初対面同士の話し合いの場合は、どんなに少なくてもアイスブレイクに三〇分から四〇分はとりたい」といったコメントが聞かれ、まちづくりの話し合いにおいて重要な役割を担っていることがわかります。

## 話し合いのデザインと雑談

まちづくりの話し合いを観察していると、これは雑談につながっているなと思うしつらえを見つけることがよくあります。まず、食べ物や飲み物の存在です。話し合いの場に飲み物やお菓子が置いてあると、それらがきっかけとなって雑談が起こります。

参加者A　このお菓子、有名ですよね。
参加者B　あ、私も大好きです。○○市のおみやげといったらこれですよね。

飲み物や食べ物は、各グループのテーブルに設置されていて、飲んだり食べたりしながら話し合いを行う場合もあれば、全体で長めの休憩時間（二〇～三〇分）をとり、そこで提供される場合もあります。その地域名産のお菓子が提供されるときもあるのですが、お菓子の話（雑談）から地域の話（本題に関連する話題）へと展開する様子も見受けられ、雑談が正談を促進するために役立っていると言えるでしょう。また、お菓子が置いてあるテーブルに集まることで、グループメンバー以外のひとたちと雑談する機会ともなります。

食べ物以外には、地域の活動のパネル展示が行われるケースもあります。こういった展示も正談につながる雑談が行いやすい工夫であると言えるでしょう。休憩時間の始まりには、総合司会から「この機会にぜひ他の参加者の方とも交流してください」といったことばがかけられ、これも雑談促進につながっています。

話し合いの基礎作り・場作りを担うのは、本題に関わる情報伝達を行う談話ではなく雑談なのです。とりわけ、価値観もバックグランドも異なる者同士で行われるまちづくりの話し合いにおいて、雑談は非常に重要な役割を担います。話し合いが活発に進み、参加メンバーが忌憚なく意見を出し合える活発で建設的な話し合いを行うためにも、雑談は必要不可欠なのです。

## 雑談の展開に有効な言語ストラテジーとは?

ここまで制度的談話の雑談についてみてきました。次に非制度的談話の雑談についても考えてみましょう。皆さんの中には、雑談がうまくなりたいと思っておられる方も多いのではないでしょうか。かつて筆者は、言語の対人関係機能面を英語教育に取り入れることについて、共同研究をしていたことがあります。その中に雑談上達のヒントがあるかもしれません。紹介しましょう。

英語による会話で次のような質問をされたらどう答えますか?

Do you like sports?　スポーツ好きですか?

英語の授業で同じような質問をすると、決まって以下のような答えが返ってきます。

Yes, I do.　はい、好きです。

授業という設定であるために、そっけない返事なのかもしれませんが、英語の授業でペアワークをしてもなかなか会話が弾まないということがよくありました。

そこで、英語での会話の進め方、具体的には、どのように聞き手に配慮しながら会話を進めるのかという点に焦点を置いて、これらに関わる言語ストラテジーを意識的に提示した実験授業(四月から七月の約四カ月)を行いました。授業では、毎回二〇分ほどを使って、聞き手に配慮して会話を進める言語ストラテジーを一つずつ導入しました。これらのストラテジーは、ポジティブ・ポライトネスを参考に選定しました。その結果、会話がどのように変化したかみてみましょう。

最初の授業で、初めて会うクラスメートと話してもらった会話例です。

1　みか　Hello.　こんにちは。
2　ともこ　Hello.　こんにちは。
3　みか　Eetto. My name is Mika Arita. You.（5.0）My birthday is February 10.（5.0）
　えっと、名前は有田みかです。（沈黙）誕生日は二月一〇日です。（沈黙）
4　ともこ　My name is Tomoko Kojima. My birthday is February 8. What, where is your hometown?　名前は、小島ともこです。誕生日は二月八日です。出身は？
5　みか　My hometown is Shimane, Matsue. Shimane.　出身は、島根、松江です。

6　ともこ　My hometown is Miyazaki［laughs］　出身は宮崎です［笑］

言語の情報伝達機能面から見れば必要な情報交換がなされていると言えますが、あくまでも必要最小限の情報のやり取りだけで、聞き手への配慮や話題への関心も示されず、自然な会話とはほど遠いものであると言えるでしょう。同じペアの四カ月後の夏休み前の会話です。

1　みか　Hi, ①Tomoko. How are you?　こんにちは、ともこちゃん。元気？
2　ともこ　Hi, ①Mika. I'm fine, thank you, too. Aa. ⑤And you?　こんにちは、みかちゃん。元気よ。あなたは？
3　みか　Oh, I'm fine, too. ④Oh, it's a cute shirt. Is that a new shirt?　うん、元気。わ、かわいいシャツだよね。新しいの？
4　ともこ　Oh, thank you. ③I bought this last weekend.　うん、ありがとう。先週買ったんだ。
5　みか　④Oh, it's very cute.　とってもかわいいね。
6　ともこ　Thank you. I hear. ③I glad to hear that.　ありがとう。嬉しいな。

7　みか　By the way, what are you going to do this summer, ①Tomoko?　ところで、ともこちゃん、この夏の予定は？

8　ともこ　I have games of Kyudou in summer vacation every Sunday. I'll go to Nagoya, Kobe, and on so. ③I guess it will very hard but I'll do my best.　夏休みは毎週日曜日、弓道の試合なの。名古屋、神戸とか。ハードになるだろうな、でもがんばる。

9　みか　②Really? It's a very hard. I hope do your best.　そうなんだ。大変だね。がんばってね。

10　ともこ　Thank you. And when I come back to home, my Miyazaki, I want to go to sea and swim in the sea and do Suikawari by the sea.　ありがとう。実家の宮崎に帰ったら、海に行って泳いだり、すいか割りとかしたいな。

11　みか　②Oh, great! ③I like to swim in the sea and I want to do Suikawari, too. ⑤Are you good at swimming?　いいなぁ！　海で泳ぐの好きだし、私もスイカ割りしたいなあ。泳ぐの得意？

12　ともこ　I belonged to swimming club. ⑤And you?　うん、水泳クラブに入ってたん

だ。あなたは？

13　みか　Oh, me, too.　私も得意なんだ。

14　ともこ　②Oh good.　いいよねぇ。

15　みか　Let's go to the sea together.　一緒に海に行こうよ。

16　ともこ　②Oh nice. Go together!　それいいよね。一緒に行こう！

17　みか　Yes.　うん。

18　ともこ　How about you, ①Mika? ⑤Do you have any plan?　みかちゃんは？　夏休みの予定ある？

19　みか　Yes. I'm going to go to driving school in Shimane.　うん。島根で自動車学校に行くんだ。

四カ月前の会話と比較していかがでしょうか？　会話量がぐんと増えたことが一目瞭然ですね。自然な会話の流れにもなっていますね。どのようなストラテジーを提示したのでしょうか？

指導したストラテジーは以下の六つです。

①名前を呼びかける
呼称を使用することで、相手との心的距離を縮める。
②相槌や積極的な応答
相手の話を黙って聞くだけでなく、相槌、応答を入れることで相手の話題に関心を示していることを伝える。
③質問に対する答えにコメントを付け足す
相手からの質問に対し、単に「はい」「いいえ」などの短い応答だけで終えるのではなく、一言コメントを入れることで、相手の質問により積極的に答える。
④肯定的なコメントやほめ
相手の身なり、持ち物、考え、行動、人柄などをほめることにより、相手への関心を示す。
⑤追加の情報提供
相手の話に対して相槌を打つだけでなく、そこから一歩展開できるような更なる情報提供を求めたり、相手に問いかけることで、相手の話題や相手そのものに関心をもっていることを伝える。

⑥和らげ表現の使用

相手の意見に不同意の場合や、相手の誘いを断る場合は表現を和らげる。

七月の会話では、あいさつに続いて、相手の洋服について言及した後、夏休みの予定について発話7でみかがともこに質問したあと、発話16まで答えやそこから派生した話題が続いています。ともこは問いに対して、短い答えをするのではなく、情報を付け足しながら答えています。また、みかも、ともこの答えに対して、積極的応答や詳しい情報を求める質問をすることで、相手に対する配慮を表しています。これまで英語会話を行うときには情報伝達をすることに意識が集中していたのが、今回の指導で対人関係に関わるストラテジーを意識化させたことが、結果的にうまく働いたと言えるのではないでしょうか。

これがそのまま日本語による雑談に応用できるとは言えませんが、会話相手の質問に答えるときの答え方や、相手にも話題をふってみる等、相手を配慮した会話の進め方という点では、応用できるのではないでしょうか。興味深いのが、会話は「話すこと」だけで進んでいるのではないということです。指導した六つのストラテジーの中でも、②③⑤⑥の四つは聞き手行動に関係します。積極的に「聞く」ことが雑談の展開に大きな役割を担っていることがわかります。

## 職場や学校での雑談をふりかえってみよう

1章で、コミュニケーションをどのように調査するかについて簡単に紹介しました。そこで、ぜひ皆さんにも、職場や学校、あるいは日常生活での雑談についてふりかえっていただきたいと思います。どのようなポイントに気を付けて観察すればいいのか、例をあげておきます。

- 誰が雑談を始めましたか？　誰が雑談を終えましたか？
- 雑談をしている参加者の関係は？　(例：同僚同士、部長と課長と課員、先輩と後輩等)
- 誰が一番長く話していましたか？
- 雑談ではどのようなトピックが話されていましたか？　一つだけでしょうか？　それとも複数のトピックだったでしょうか？
- その(それらの)トピックについてどれくらい詳細に話されましたか？
- どれくらいの時間続きましたか？
- その雑談が起こる何らかの目的はありましたか？

・雑談が終わるシグナルは何かありましたか？
・どのような状況で雑談が起きましたか？　それは一回きりでしょうか？　それとも定期的にでしょうか？

いかがでしょうか？　右記のような観察から、皆さんの職場の、学校の、家庭のコミュニケーションの特徴が見えてくるかもしれません。

## まとめ

本章では、雑談について考えました。雑談性の指標について紹介し、ミーティングにみられる雑談の特徴や有り様を通して、雑談の重要性について考えてきました。雑談は、人と人との関係性を紡ぐうえで重要な役割を担うこと、雑談の展開には「聞き手」としてのふるまいが大きな意味をもつこと、職場談話のような制度的談話にみられる雑談は、それぞれの職場文化や言語社会文化によって、その有り様が異なってくることがわかりました。

日常生活でふと心が和むときがあります。授業が終わって教室を出ようとしたら、「先生、奈良県の橿原市出身なんですね。私も橿原から通ってるんです。近くですね」と声をかけられ、嬉しくなって、声かけしてくれた学生と出身地の話で盛り上がったとき。会議で久しぶりに一緒になった同僚に「元気？　最近どうしてるの？」と声をかけられ、短い時間だけどとりとめもない話をしたとき。ヨーロッパに旅行中、見知らぬ町でジェラート店に入って注文の仕方がわからなくて、コーンにしたらジェラートは何種類選べるのか尋ねたら、"As many as you like!"と微笑みながら言われたとき。ふりかえってみると、何気ない「雑談」が、生活にうるおいを与え、明日への勇気につながっているんだということに気づきます。雑談は、「雑」でもなく"small"でもなく、優しいコミュニケーションにとって非常に重要です。皆さんは一日の中で、誰と、どれくらい、どんな話題で雑談していますか？

# 3章

# 大切なのは「聞くこと」

本章では、優しいコミュニケーションについて「聞く」という側面から検討してみましょう。まずは、コミュニケーションにおける「聞き手」の役割や「聞き手行動」についてみていきます。続いて、筆者が研究を続けている「話し合い」における「聞き手行動」を紹介します。最後に、優しい聞き手について考えます。

## コミュニケーションのとらえ方の変容

コミュニケーションの授業で、「聞き手行動を意識しましょう」と言うと必ずと言っていいほど「聞き手の行動って何ですか？」という質問を受けます。日常生活でコミュニケーションを行う際に、自分が話し手になる、つまり話すことから考えるのが一般的で、コミュニケーションは「話す－聞く」というキャッチボールであることを、あまり意識していないのかもしれません。しかし、2章で扱った雑談についても、雑談を話すのは誰か一人からの一方通行ではなく、誰かが話し始めて、それを聞き手が受け止めて、そこから話題を展開して、話し始めた人が受け止めて……ということばのキャッチボールが起こっていることや、雑談の展開には、聞き手のふるまいも重要であることがわかりました。

1章でも言及したように、コミュニケーションをとらえるための古典的モデルは「話し手が情報を伝え、聞き手がそれに反応する」といった話し手中心モデルでした。これは、コミュニケーションにおいて重要なことは情報伝達であると考えられてきたことにも起因するでしょう。テクノロジーの進化で会話の収録が簡単で身近になり、ありのままに文字転記して分析することが可能になってきました。これに伴い、実際の会話は、話し手から聞き手への一方通行ではなく、会話参加者間でダイナミックに構築していることが明らかとなり、コミュニケーションを会話参加者間の相互行為としてとらえるようになってきました。そして、次第に、聞き手を意識した研究が行われるようになったのです。

聞き手行動も視野に入れた研究においては、従来受動的にとらえられてきた「聞き手」の在り方とは正反対に、聞き手の会話への積極的な関与や、創造的で活動的な側面について言及されるようになってきました。たとえば、社会言語学者のデボラ・タネンは、聞き手が聞いたり理解したりする行動は「受動的な受信ではなく、むしろ積極的な解釈が必要とされるため、対話的な行為である」と指摘しています。では、聞き手行動から何がわかるのでしょうか？

## 聞き手行動の多層的意味と聞き手の役割

聞き手の行動に着目して会話を観察してみてください。頷きや微笑み、相槌など、様々なシグナルを送ることによって、聞き手が話し手に継続的に応答していることがわかるでしょう。これらのシグナルは、多層的な情報を伝えています。聞き手の様々な応答シグナルは、聞いていることを示すだけでなく、聞き手のアイデンティティ、主観や心的態度など「指標的な情報」を提示します。

たとえば、「パーティの招待状に、出席者はスーツ着用って書いてあるんだけど、サウナスーツでいいのかな？」という発言に対して、聞き手が、「なんでやねん！」と応答した場合を考えてみましょう。ボケとツッコミについて理解している関西弁話者という聞き手のアイデンティティが読み取れます。また、「明日の会議でこの間話してた新しい企画について提案しようと思ってるの」という発言に対する「絶対採用間違いないよ」という応答からは、聞き手は話し手とすでに提案内容を共有していることや、その提案に対して好意的であるという聞き手の心的態度が読み取れます。

加えて、聞き手の応答は、会話参加者がお互いに協力して会話の運営を管理するストラテジーに含まれます。そして、これらは対人関係機能面に関わるストラテジーでもあります。つまり、聞き手行動は「優しいコミュニケーション」につながっているのです。積極的な聞き手行動が、会話参加者間の対人関係にどのような影響を及ぼすかについては、本章で事例をまじえながら紹介します。

聞いているというシグナルや多層的な意味の提示を通して、聞き手が話し手に反応し、それにまた話し手が反応するといったような相互的な応答反応が発生することによって、話し手と聞き手双方による相互行為が達成されます。したがって、聞き手がコミュニケーションの中で果たす役割は絶大なものとしてとらえられるのです。このような立場から、社会言語学者の難波彩子は、会話の共同構築に向けた聞き手の在り方や貢献を指す「リスナーシップ(listener-ship)」という概念を提案しています。コミュニケーションにおける聞き手の役割や、聞き手としての行動は、相互行為の構築には欠かせないということがわかります。

## 日本語会話における聞き手の重要性

日本語会話で聞き手のもつ役割が顕著であることは、英語会話との対照研究を通して多くの研究者から指摘されています。代表的なものを紹介しましょう。

言語学者のジョン・ハインズは、英語・日本語のコミュニケーションの成否に関して、「話し手責任」と「聞き手責任」という特徴をあげています。英語によるコミュニケーションでは、話し手の責任が重く、話し手は聞き手に誤解を与えないように言葉を尽くすことが期待される一方、日本語でのコミュニケーションでは、聞き手の責任が重く、話し手が自分の考えや意図を十分に言語化しなくても、聞き手がそれを察することを期待できると指摘しています。

また、日本とアメリカのビジネスコミュニケーションを比較考察した社会言語学者のハル・ヤマダの研究でも、日本語のコミュニケーションの基本的な特徴の一つは聞き手重視であることを指摘し、「リスナートーク(listener talk)」という用語で特徴づけています。このような特徴は、曖昧さ、思いやり、和、ウチとソトの区別などを重んじる日本文化や、日本の社会的規範に由来し、日本語の日常会話では、相手の言いたいことを「察する」ことが求められるとしています。相手の言いたいことを「察する」ことは、日本語のコミュニケーションでは欠かせない、聞き手側の会話への積極的な参与を示す指標と言えるかもしれません。

日本語教育学者の水谷信子は、聞き手による頻繁な相槌の使用状況を観察し、聞き手が会話に積極的に関わりながら、話し手と一緒に会話を紡いでいく有り様を「共話」と名付けました。日常のコミュニケーションをふりかえってみると、様々なシーンで、参加者が共に会話を構築していく「共話」が行われていることに気づくでしょう。

会話への聞き手の積極的な参与は、多様なシグナル——言語及び非言語行動——を通して達成されます。相槌、終助詞や頷きの使用、笑い、聞き手による問いかけ、反応表現や直前の発話の補完や完結を含むリアクティブ・トークン等、日本語会話においては聞き手の行動が多様に、そしてダイナミックにちりばめられていることがうかがわれます。

日常生活においては、意識的に聞き手行動に着目することはないにせよ、「あの人は聞き上手だよね」「親友は私の思っていることをよく察してくれるから」というように、「話し手」よりも、むしろ「聞き手」に直接関わるようなことをしばしば聞くことがあります。2章でとりあげたように、日常生活の中でのやりとりを通して、ただ単に情報を正確に伝えるということではなく、とりとめもないことを話して共感したり、冗談を言い合ったり、励まし合ったりするようなことが、豊かな人間関係を築いていく上では欠かせません。つまり、このような相互的なコミュニケーションにおいては、聞き手のもつ役割は話し手のそれと同じくらい重要なのです。これは、親しい友人や家族との私的なコミュニケーションに限ったことではありません。ビジネスや公的なコミュニケーションにおいても、「聞き上手であること」は重要であり、「聞く力」は肯定的に評価され、獲得したいスキルとしてとらえられているのではないでしょうか。

私的であれ公的であれ、会話の中で「聞き手」は、話し手に対する単なるサポート役ではなく、人間関係の根幹を支える大きな存在であるのです。日本語の「聞くこと」には、「聞く」「聴く」「訊く」といった三つの意味が混在します。そのため、「聞くこと」は、コミュニケーションの様々な場面や状況や人間関係が複雑に絡み合いながら多様に変化する、実に柔軟性のある行為として位置づけられるのではないでしょうか。

## まちづくりの話し合いのファシリテーター

2章で紹介したように、ファシリテーターとは、議論に対して中立的な立場で議論を進行しながら参加者から意見を引き出し、合意形成に向けて提案をまとめる調整役で、近年社会活動や地域住民活動においてその役割が注目されています。筆者は、市民参加型のまちづくりの話し合いのファシリテーターの言語的ふるまいについて継続して研究しています。実際の話し合いを収録し文字転記して分析するだけでなく、現場のフィールドワークや参加者・関係者への聞き取り調査も行ってきました。その中で、参加者から聞かれる感想として共通していたのが、「ファシリテーターは聞き上手である」「ファシリテーターのおかげで安心して話せる」ということです。

ファシリテーターの言語的ふるまいを考察すると、その役割からすれば当然のことではありますが、議論の進行役としての特徴が共通してみられます。紙面の制約上詳細は割愛しますが、進行役としてのファシリテーターの言語的ふるまいの特徴としては、①話し合いを始める前に簡単な話し合いのルール(たとえば、発言は否定から始めない、少数意見も大切にする、積極的に参加する等)を提示する、②発言の割り振りに配慮し、発言していない人、発言量の少ない人に積極的に発言を促す、③何について話し合いをしているのか、その都度話し合いのトピックをわかりやすく明確に提示する、④話題の変わり目を、「では」「続いては」「次は」といった接続詞で明示する、⑤繰り返し合意事項を確認し、小さなトピックの合意を重ねることで、大きなテーマの合意につなげる、⑥意見をとりさげるときには、提案者に配慮を示す言葉をかける、といった点があげられます。いずれの特徴からも、参加者一人一人を意識し、平等に話し合いに参加できるように配慮しながら議論を進行していることがわかります。

一方、話し合いを観察していると、むしろ、聞き手行動が顕著であることに気づかされます。どのような特徴がみられるのかを、筆者のこれまでの研究から紹介します。

ファシリテーター(FT)の聞き手行動の顕著な特徴として、まず、相槌があげられます。

【1】

1　村上　協働についてなんですけれど、あのお、言葉としてはとても好きです。響きもいいなと思うんです1/けれども/1、具体的にどうって言われると2/+/2、私も分からないところがあってですね、（1・0）先生も（　）ですから、昼からきょう、研修でしょう。3/（　）/3行かんといかんなって思ったんですけど［笑］、結構4/おもしろくて/4、スムーズに入っ5/きて/5、だから今がこうなんだっていうのも分かって6/良かった/6と思いました。

2　FT　1/うーん/1

3　FT　2/うん/2

4　FT　3/はい/3

5　FT　4/はい/4

6　FT　5/ああ/5

7　FT　6/ふーん/6

【1】では、ファシリテーターが頻繁に参加者の話に相槌で応答していることがわかります。

相槌の大部分は、参加者の発話の最中におこっています。このような相槌は、相手にサポートしていることを示したり、思いやりを示したりする交感的言語使用として機能します。ファシリテーターは、参加者に聞いているという信号を送ることで、積極的に親しみや理解を表すことにつながっているのです。

続いての特徴は、肯定的、共感的応答です。

【2】

1　永田　……朝からはみんなこう、町内、何ちゅうかな、学年、連れ添って、がーって登校しよるんですけど、帰りがですね、バラバラなもんでですね、

2　FT　うん。

3　長井　一人で帰ってきたりすっとですよ。

4　FT　うん。

5　長井　非常にその辺がですね、心配です。で、最後に、熊本っ子って聞かれて、その、よその子どもさんのこと、よく分からんけんですね、何とも比較ができないんですけど、

6　FT　そうですよね。
7　長井　まあ、テレビとかで見る、その、都会の子どもさんとかに比べるなら、もっと子どもらしい子どもが熊本は多いのかなというのが実感です。
8　FT　なるほど。

発話6や8にもあるように、「そうですね」「そうですよね」「なるほど」「確かに」といった同意や理解を示す表現が頻繁に使われます。加えて、参加者の発言の後には、「ご意見ありがとうございます」といったような感謝の表現もしばしばみられます。続いては、直前の発言の繰り返しです。

【3】
1　富田　私、あの、富田悟と申します。
2　FT　悟さん、はい、富田さんですね。
3　富田　えーと、最近気になること。
4　FT　気になること、はい。

5　富田　なんですがね(2・0)、あの、さっきもちょっとお話がありましたが、自分たちが育てた時分からするとね、もう(1・0)、予想もしなかったことが出ているわけですね。

6　FT　ふうん。

発話2では直前で発言された名前を、4では、直前発話の「気になること」が繰り返されています。興味深いのは、自己紹介の場面で、参加者が名前を言った時に、それを繰り返している例がしばしば見受けられるということです。繰り返しは、言語学でいう響鳴(resonance 対話中に複数の話者によってなされた発話間の類似系の活性化)の一例で、明示的に話し手に理解を提示するためのストラテジーです。筆者らの共同研究で、まちづくりの話し合い談話を考察し、これは熟練したファシリテーターにみられる特徴であり、当該発話を発言した先行発話者に対する理解だけではなく、同じ話し合いの場にいる参加者への理解を促すストラテジーであることを指摘しています。

右記でみられるように、参加者の自己紹介で、当該参加者の氏名を繰り返すファシリテーターの聞き手としての行動は、ファシリテーター自身のみならず、他の参加者たちへの理解促進や確認としても働いているのです。
以上紹介したファシリテーターの聞き手行動は、単独で用いられるのではなく、多様なふるまいが組み合わされてダイナミックに用いられています。

【4】

1　竹村　はい、はい。竹村雅治と言います。えー、健康福祉政策課というところにおりまして、健康づくりの企画等をやっております。(2・0)それと(1・0)まあ個人的なことで、クラッシックギターの練習が好きです。
2　FT　ああ、練習が好き[笑]
3　名村　練習が[笑]
4　竹村　練習というか、全然弾けませんので、今練習してるところです。
5　FT　ああ。じゃあ、最近、始められた?
6　竹村　ええ、四年ぐらい前ですかね、始めまして、ええ。
7　FT　得意な曲とかあるんですか?
8　竹村　ないです。練習曲ぐらい。

9　FT　ああ、練習曲［笑］

【4】では、発話2、5、9で相槌詞「ああ」が使用され、発話2と9で、「練習が好き」「練習曲」と、それぞれ直前の発話が繰り返されています。発話5及び7では、相手の話をさらに詳しく聞くための質問（「最近、始められた？」「得意な曲とかあるんですか？」）で、相手への関心を示しています。相槌、繰り返し、詳しく聞くための質問は、相手に親しみや関心を表す機能とともに、話の進行を助け、積極的に話を進める方向へ相手を導くという機能があります。ファシリテーターは、このような言語ストラテジーを使用することで、参加者に親しみを示しながら、話しやすい場を作っていると考えられます。さらに、発話2や9の最後に、笑いが付加されていますが、これらは「緊張緩和の笑い」にあたります。初対面でお互い緊張している場面で、ファシリテーターが積極的に笑いかけることで、参加者の緊張を解きほぐすはたらきがあると言えます。

右記で紹介したような「積極的に聞く」というファシリテーターの聞き手行動は、参加者や話し合いの場にどのような影響を与え、どのような変化を起こしているのでしょうか？

## 話し合いの参加者にみられる変化

参加者の変化や話し合いの場の変化について見ていきましょう。

【5】

1　山田　それと、えー、熊本っ子の話がありましたけども、昔、転校生の方からですね、やはり京都から来られて+
2　FT　あ、京都から［笑］
3　山田　熊本弁は非常に怖いと。
4　FT　［笑］
5　山田　ちょっと何かけんかするとですね、「（ヌシャ）撃ち殺すけんね」って言うんですけども+
6　FT　［笑］
7　山田　撃ち殺すんですよ［笑］
8　FT　［笑］
9　山田　撃ち殺すって普通ピストルと思われるらしいんですよ。

10　FT　思いますね[笑]

【5】は、話し合い参加者が一人ずつ自己紹介するフェーズの最後の方の場面です。話し合い参加者の一人である山田さんは、ファシリテーターの出身地である京都に関する話題をもちかけ、さらにその話題でおもしろおかしくエピソードを語っています。ユーモアは親しさや連帯感を示す言語ストラテジーですが、ファシリテーターに向けての参加者からのユーモアをめぐって、双方がともに笑いあい、その笑いが断続的に続いています。これは「仲間づくりのための笑い」であり、同じグループであるという連帯感を示します。笑いやユーモアは、会話の参加者間にラポールが生まれたことの顕著な表れであり、参加者である山田さんとファシリテーターとの間にラポールが生じたと考えることができます。

それぞれの参加者の自己紹介に対して、ファシリテーターがとり続ける積極的な聞き手行動は参加者に肯定的に受け取られ、それがプラスに働いたと言えるでしょう。自己紹介は、他の参加者に向けて行われることになっているのですが、話が進むうちに、参加者の視線はファシリテーターの方向に向けられ、最後にはファシリテーターに語りかけているという状況が往々にして見受けられます。

では、ラポールは、ファシリテーターと各参加者の間にのみ生まれたのでしょうか？　この点について、共通していたのが、【6】にみられるような変化です。

【6】

1　杉本　何か楽しさとか安心感がもてるっていうことを体感できる、これは何かすごくいいなというふうに思っているので/+/ぜひ、あの、(イズミミナミ)で、あの、そういう「町を遊ぶ」をされると、またお母さんたちが、

2　FT　/ああ/

3　吉川　あのー、

4　杉本　はい。

5　吉川　ぜひ来てください。

6　全員　[笑]

7　FT　一つ、協働で。

8　全員　[笑]

【6】は、話し合いが進んでいくにつれ参加者同士のやりとりが生じる場面です。参加者である杉本さんとファシリテーターの会話が続いていたところに、別の参加者である吉川さんが加わり(発話3)、それに続いて他の参加者達も笑うことで参加しています(発話6)。このように、話し合いが進むにつれて、参加者間のやりとりが増えていく様子が頻繁にみられます。

さらに、相槌も、話し合いの最初は主としてファシリテーターが行っていたのが、次第に参加者によっても積極的に使われるようになっていきます。加えて、ディスカッションが進行するにつれて、参加者が共に話を紡いでいく「共話」も増えていきます。つまり、参加者同士にもラポールが構築されていったということです。

まちづくりの話し合いを観察していると、多くのグループで右記と同じような変化が起こっていることに気付きます。自己紹介が始まってしばらくは、ファシリテーターと各参加者とのやりとりが大部分を占めているのが、話し合いが進むうちに、ファシリテーターを介さないで参加者同士のやりとりが生じるようになってきます。これは自己紹介の段階からの場合もありますし、本題に入ってからの場合もありますが、だんだんと参加者同士のやりとりの場面が多くみられるようになってきます。そうなると、冗談や笑いを伴った会話の盛り上がりもみられたり、一人の参加者の発言中に、他の参加者たちが同時に頷いたりするといった様子も見受け

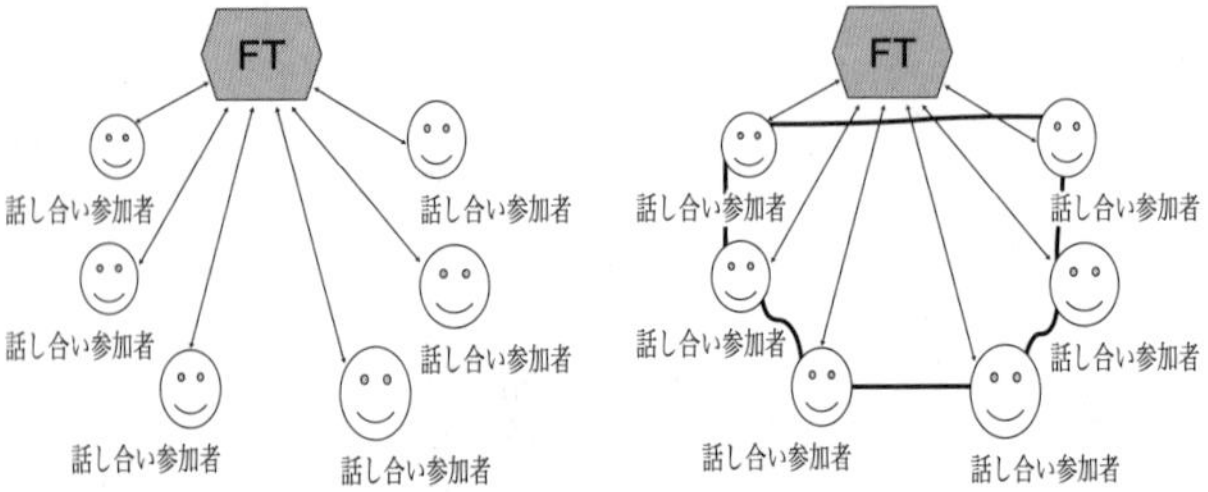


図3-1　話し合い参加者間にラポールが形成されるプロセス

られます。

## 話し合いはオープンコミュニケーション

ここで、話し合いというコミュニケーションの場についても考えてみましょう。二者間の対話によって第三者である視聴者に情報伝達を行うコミュニケーション様式を、言語学者の岡本雅史は「オープンコミュニケーション」と名付け、話し合いもこれにあたるとします。

ファシリテーターの発話は、直接の対話者のみならず傍参与者を含めた話し合いの場全体へ向けられた「外部指向的」なもので、積極的な聞き手行動は、話し手(特定の参加者)のみならず、他の参加者(傍参与者)にも同時に作用すると考えられます。聞き手行動は、聞き手自身の会話への積極的な関与を示すと同時に、他の参加者に会話への関与を促す積極的な働きかけともなるのです。そして同時に、相手への親しみを示すストラテジーとしても働きます。ファシリテーターは中立的な立場とは言え、その言動は話し合いの場に影響を及ぼすため、その働きかけに応えて、参加者は次第に会話への関与を始めると考えられます。

さらに、各参加者とファシリーターとの間に構築されたラポールが、次第に各参加者間にも広がっていきます。このように、ファシリテーターの積極的なふるまいによってラポールが形成された場では、参加者同士のやりとりも多く、活発な意見交換につながっていると言えるのです(図3-1)。

以上、まちづくりの話し合いのファシリテーターのふるまいを、聞くことから考察してみました。ファシリテーターは、相槌、共感や繰り返し等、発言を積極的に聞いていることを表明するストラテジーを多用していました。これは、参加者に親しみを示すことにつながります。そして、参加者が積極的にディスカッションに参加できるような、より発言しやすい場が形成されていきます。

## よい話し合いは、聞き・聴き・訊き合い

よい話し合いとはどのような話し合いでしょうか？　どのような話し合いが「よい話し合い」なのかは、個人によって異なるものなのでしょうか？

表3-1 「よい話し合いとは」から考える話し合いの評価指標

| | | プロセス | アウトプット |
|---|---|---|---|
| 1 | 話せる場(場づくり) | ○ | |
| 2 | 議論の広がり(多様性) | ○ | |
| 3 | 議論の深まり | ○ | |
| 4 | 少数が支配しない(平等性) | ○ | |
| 5 | 専門的知識の裏付け，データと根拠 | ○ | ○ |
| 6 | 一人では思いつかないような新しい意見が出る | ○ | ○ |
| 7 | 納得 | ○ | ○ |
| 8 | 満足 | ○ | ○ |
| 9 | 異なる意見，新しいことを知る | ○ | ○ |
| 10 | (個人の)リフレクション(内省による変化) | ○ | ○ |
| 11 | (課題が)自分ごとになる | ○ | ○ |

地域でまちづくりをめぐる話し合いに関わっている方々三三名にご協力いただき、「よい話し合いとはどのような話し合いか」についてフォーカスグループインタビューを実施しました。ファシリテーターとしてまちづくりの話し合いに関わっている方々や、話し合いの企画・運営をされている方々（自治体職員、NPOスタッフ、市民活動グループのメンバー）に参加いただきました。どういった話し合いがよい話し合いかを決める指標となる項目を、出された意見から抽出してまとめたものが表3-1です。出された意見を集約する中で「話し合いのプロセス」「話し合いのアウトプット」の両方が、評価指標としてとらえられていることがわかってきました。つまり、話し合いの結果だけでなく、その結果に至るプロセスも重要であるということです。

本調査の参加者から出された意見は、長年まちづくりの話し合いに携わってきたひとたちの実践知の集約であると考えられます。着目したいポイントは、よい話し合いの指標として、一人では思いつかないような意見が出るという「創発性」や、異なる意見や新しいことを知るという「学習」、そして話し合いを通した「変化」が指摘されていることです。

筆者が調査するまちづくりの話し合い実践には、一回の話し合いで終わるのではなく、複数回の話し合いを通して地域の課題解決につなげる実践も含まれています。このような話し合い実践における参加者の変化について簡単に紹介しましょう。

最も興味深いのが、自身の意見を主張し固執するというよりも、むしろ異なる意見を聞き、それを省察することで自身の意見も変化するということです。最初は「私個人」というアイデンティティからの私的な発言(たとえば、自分の思いや感想、話し合いのテーマに関係のない語り等)であったのが、異なる他者との話し合いを通して、話し合いに参加する立場(たとえば○○市の市民、○○会という組織の会長等)から、話し合いのテーマに沿った建設的な意見を述べるようになるといった変化です。

加えて、参加者間の関係性の変化(フラットな関係性の構築)や、地域や地域の社会課題に対する意識の変化(地域や地域課題を自分ごととととらえるようになった)もみられます。このような変化

〈学び〉は、話し合いを楽しいと感じる、話し合いながらわくわく感を覚えることに支えられている点にも留意したいです。

このような変化が往々にして起こるのは、異なる他者〈たとえば年代、所属、立場が違う、普段共に活動していないメンバー等〉との話し合いにおいてです。5章で紹介するように、メンバー構成や時間配分、話し合いの方法等、話し合いのデザインが重要な役割を担います。

5章でも論じるように、それぞれがただただ意見を主張し合うのではなく、他の参加者の異なる意見を「聴く」ことで、より実りある話し合いの実施につながるのです。話し合いは、「話し」「合い」であり「聴き合い」でもあります。

## 聞き手に配慮すること

優しいコミュニケーションを進めるうえでの聞き手行動には、どのようなふるまいが含まれるのでしょうか？　これまでのポイントをふりかえってみましょう。2章で扱った相手に配慮した会話の展開の仕方のストラテジーは、実はその大部分が聞き手行動〈応答〉に関わるものでした。さらに、ファシリテーターの聞き手行動をみると、積極的に聞く〈聴く〉ことに加えて訊く行動も含まれていることがわかります。

2章の最後に紹介した、会話相手に配慮した会話展開のストラテジーのうち、聞き手行動(応答)に関するストラテジーは以下のようにまとめることができます。

【会話相手に配慮した会話展開のストラテジー(聞き手行動に着目)】
- 相槌、応答を入れることで相手の話題に関心を示していることを伝える。
- 相手からの質問に対し、「はい」や「いいえ」だけの返答にとどまらず、もう一言コメントを入れることで、相手の質問により積極的に答える。
- 相手の意見に不同意の場合や、相手の誘いを断る場合は表現を和らげる。
- 相手の話に更なる情報提供を求めたり、相手に問いかけることで、話に関心をもっていることを伝える(開いた質問：何、いつ、だれと、どこで、どんなふうに)。

本章で考察したファシリテーターの聞き手としてのふるまいは以下のようにまとめられます。

【聞き手としてのファシリテーターとしてのふるまい】
- 相槌(うん、はい、はぁ等)

・繰り返し
・肯定的、共感的応答（そうですよね、確かに、なるほど）
・相手の発話の完結
・お礼（ご意見ありがとうございます）
・さらに話を展開する質問（５Ｗ１Ｈを聞く質問）
・意見の背後を聞く質問（その理由は？　その思いは？　もう少し具体的に言うと？）

これらには、「聞く」「聴く」（積極的に聞いていることを示す）だけでなく、「訊く」（相手の話題をさらに展開するための質問、相手の発言について確認するための質問）というストラテジーも含まれていることがわかります。

## 聞き手行動を意識するための実践トレーニング

日頃、「聞くこと」を意識することは少ないため、筆者はコミュニケーションの授業で、聞くことに意識を向けるための実践ロールプレイを取り入れています。インタビュー実践です。ペアになって、テーマを決めて、片方がインタビュアーになって聞くことに徹します。二〇

表3-2　インタビュアー用シート

| ふるまい | よくできた－できた－いまひとつ－難しい |
|---|---|
| 参加者の発話をうながすふるまいができましたか<br>自己評価のポイント例　・視線・相槌，頷きや応対 | ○—○—○—○ |
| 発言を歓迎する姿勢を伝えられたと感じましたか | ○—○—○—○ |
| **対話する「場」の構築** | **よくできた－できた－いまひとつ－難しい** |
| 参加者が発言しやすい「場」を構築できましたか | ○—○—○—○ |
| 参加者の発言バランスを調整できましたか | ○—○—○—○ |
| **インタビュアーとして，うまくいったことを記入して下さい(自由記入)** | |
| | |
| **インタビュアーとして，難しかったことを記入して下さい(自由記入)** | |
| | |
| **1〜5をふまえて，自己評価の点数をつけて下さい(5点満点)** | |
| 点 | コメント |

分程度実践したら、時間をとってシートを記入してもらいます。その後、シートを使って、ペアでインタビュー実践についてふりかえります（インタビュアー用シートは表3-2、インタビューを受けた人からインタビュアーに渡すシートは表3-3）。次に、役割を交代して同じように実践します。

授業では、最初に「夏休みの思い出」「趣味」といった軽めの話題で練習した後、「これまでの大学生活

**表3-3　インタビューを受けた人からインタビュアーに渡すシート**

| インタビュアー名 | |
|---|---|
| 評価者名 | |
| 良かった点 | |
| 改善できる点 | |
| 一言コメント | |

で学んだこと」「これまでの人生の中で心に残っていること」のような少し重ためのテーマでインタビューしてもらいます。実際に実践することで、いかに聞くことが難しいか、話しやすくすることが難しいかがわかります。解説の際には、前記(八九〜九〇頁)のストラテジーを紹介します。そして、ロールプレイ実践後には、インタビュー番組を見て、インタビュアーの聞き手行動の特徴を考察するという宿題を出すこともあります。

## まとめ

先日『「話し方のベストセラー10

0冊」のポイントを1冊にまとめてみた。』という興味深い書籍を見つけました。「話し方」「伝え方」をテーマにした書籍一〇〇冊の中で書かれている重要なポイントの統計を取ったら、聞き手に配慮したものが大半だったということです。つまり、聞いている相手（会話相手）に配慮して話すことが重要だという結果が出たそうです。加えて、会話の中では、「聞くという行動」も非常に重要であるということがこの書籍の調査で述べられています。聞き手に配慮して話す（伝える）ことは、4章で扱う難しいコミュニケーション（リスクコミュニケーション）にも通じることです。詳細は次の章で説明します。

「コミュニケーション能力をあげたい」「相手を論破したい」「自分の意見を相手にきちんと伝えたい」という発言において、視点は自分（話し手）にありますが、逆転の発想をしてみてはいかがでしょうか？　コミュニケーションは、ことばのキャッチボールです。会話相手が受け取れるボールを投げていますか？　受け手に配慮した投げ方をしていますか？　聞き手は誰なのか、聞き手が理解しやすいようにするにはどのようなボールを投げればいいのか？　皆さんの日々のコミュニケーションでは、このようなポイントを取り入れているでしょうか？

日々のコミュニケーションを、ぜひ自分自身の聞き手としてのふるまいからも、ふりかえってみてください。相手が話しやすいように応答していますか？　相手がより話を展開しやすいように応答していますか？　聞くことや聞き手行動は、優しいコミュニケーションに直結していることがわかるでしょう。

# 4章

# 難しいコミュニケーション

本章では、優しさを表すことが難しそうなコミュニケーションを考察しましょう。

二〇二〇年に入り、誰もが想定しなかった感染症が広まり、たちまち世界中がパンデミックに襲われました。新型コロナウイルスによるパンデミックは、政治家の発言、とりわけ国や地方政府の首長の発言が、人々の暮らしに直結することを露わにしました。新しいウイルスについてほとんど知識がなく、どのように感染するのか、どのような対策が効果的なのかも不確かで、感染者も増え始めていた初期をふりかえると、多くの人々がよりどころとしたのは、首長の発信ではなかったでしょうか。

そして、コロナ禍の社会では、人との接触が極端に制限され、職場や学校を中心とした暮らしをめぐるコミュニケーションが、リモート／オンラインで行われることを余儀なくされました。

これまでとは全く異なる日常生活に直面して、あらためて、誰もが、コミュニケーションの重要性を痛感したのではないでしょうか。本章では、コロナ禍の社会で顕在化した新たなコミュニケーション課題の中でも、危機管理のコミュニケーションや、オンラインコミュニケーションをとりあげることにします。

## コロナ禍初動期の首長記者会見の考察

危機管理のコミュニケーションで重要とされる、初動期の首長記者会見をふりかえってみましょう。国内でも未知のウイルスへの感染が拡大し始めたころ（具体的には二〇二〇年三月から七月）の記者会見に着目してみていきます。

当該時期の国内の政治家として、安倍晋三首相、小池百合子東京都知事と吉村洋文大阪府知事をとりあげます。感染者が増え始めたころ、不安でいっぱいだったことを思い出します。大学も新学年が始まった早々に休校で、当時一人暮らしをしていた母の生活サポートのため、実家で母と過ごしていました。毎日母と一緒にテレビを見ていたのですが、連日のように地方政府の首長の記者会見が放映されていました。その中で、非常に印象に残ったのが小池都知事と吉村府知事でした。当時の首相であった安倍首相をはじめこれまでの政治家の記者会見と何か違う感じがする……何が違うんだろう、調べてみたいと思ったのが研究を始めるきっかけでした。

筆者が担当した二〇二〇年度前期の授業において政治家のコロナに対する発言や発信につい

ての感想を書いてもらったところ(回答者二一八名)、九五%が、吉村知事、小池知事、安倍首相(言及数が多い順番)に言及しました。吉村氏についての感想で多かったのが、「わかりやすい」「自分ごとになる」「親しみがもてる」でした。小池氏については、「印象に残る」「親しみやすい」「上品で柔らかい」「ていねい」といったコメントが多くみられました。一方、安倍氏については、「他人ごと」「わかりにくい」「ロボットがセリフを読んでるみたい」「上から目線」といった否定的なコメントが多かったのです。小池知事、吉村知事は、当該時期の国内外のメディアから注目され、コミュニケーション能力が高いと評されていました。

国、地方政府とレベルは異なりますが、緊急時のクライシスコミュニケーションにおいては、「首長」の発言を重要視していることを踏まえ、三名の政治家の記者会見を比較してみましょう。あくまでもコミュニケーションの観点からの記者会見の発言の考察であって、政策や施策の分析ではありません。

先行研究であげられている危機事態が発生した初動期のクライシスコミュニケーションに求められる四つのコミュニケーション行動――「共感」「リスクについての説明」「行動促進」「対応の説明」――を手がかりとして考察します。記者会見は、メディア関係の人たちは会場で聞いていますが、実際に伝えたい聞き手(受け手)は、話し手の面前にはいません。そういった状況でも、受け手の印象は話し手によって異なっていることがわかります。次節以降、筆者らの共同研究の結果を紹介します。

## 記者会見の比較

まずは量的に比較してみましょう。三月から七月の五カ月間の三名の記者会見の回数は、小池氏が三四回、吉村氏が二三回、安倍氏が八回です。国の首長は、そもそもあまり記者会見を開かないのではないかという想定のもと、他国の例をみると、コロナ禍の対応で評価の高いニュージーランドのジャシンダ・アーダーン首相は、四八回でした。HPを調べた範囲の回数なので実際にはこれよりも多いと考えられます。ロックダウンを宣言した三月二三日からロックダウン解除後まで約二カ月間、ほぼ毎日同じ時間に会見が開かれていたのです。不安にさいなまれる中、毎日のルーティーンの中に記者会見を組み入れることで、聞き手である国民は安心感を得ることができ、それが首相への共感につながったのではないでしょうか。

三名の記者会見の形式を比較してみましょう（図4-1）。

写真からわかるように、小池氏の記者会見では、着目してほしいポイントが記載されたフリップボードやスライドを、吉村氏は、背後に設置したモニターに映し出された情報をもとに、必要に応じてスライドを提示し、指さしながら話すという形式をとっています。一方、安倍氏は、フリップボードやスライドは提示せず、時折プロンプターを見ながら話すという形式をとっていました。

図 4-1　小池東京都知事，吉村大阪府知事，安倍首相記者会見の様子

続いて、発話量を比較しましょう。一回の記者会見の時間は、小池氏が三〇～四五分程度、吉村氏は六〇～九〇分程度で、安倍氏は六〇分程度でした。一回の記者会見の文字数は、小池氏で七五〇〇～八〇〇〇字程度、吉村氏が八〇〇〇～九〇〇〇字です。一方、安倍首相は五〇〇〇字前後です。ただし発言数が多い場合は冗長であるかもしれないし、少ないということはシンプルにポイントがまとめられているとも考えられます。そこで、各氏の記者会見の論理展開を比較してみましょ

う。

吉村氏の場合は、「大きなテーマの提示⇓一つ目、二つ目、三つ目」というパターンがみられます。インタビューの冒頭で、「今日は僕からは○点です」とポイントがいくつあるかを提示し、「まず一点目は〜」「二点目が〜」「最後に○点目が〜」といったように、一つ一つのトピックの始まりを明示的に表しています。小池氏も同様に、冒頭で大きなテーマを提示しています。吉村氏のように一つ二つ三つといった数字は使われていませんが、「まず」「それから」「そして」といった接続詞によってトピックの変化を示しています。小池氏、吉村氏とも、記者会見は、「現状↓解説・分析↓課題や施策／お願い」という一連の流れで構成されています。

一方、安倍氏の会見では冒頭でのテーマ提示もなく、接続詞もほとんど使用されていません。それぞれの話題が脈絡なく提示されているという印象が否めません。コロナ禍と直接関係のないような話題が突然出てくるという箇所もありました。

続いて、それぞれの記者会見の頻出語上位一〇語を比較してみましょう。

頻出語上位一〇語の結果(表4-1)を見ると、小池氏では、「感染」「皆様」「思う」が上位三位を占めています。「申し上げる」「お願い」「協力」なども上位にみられることから、「行動促進」に相当する語彙が特に多いことが読み取れます。吉村知事の記者会見では、「思う」が最

表4-1　会見における頻出語上位10語

| | 東京都知事 | 大阪府知事 | 安倍首相 |
|---|---|---|---|
| 1 | 感染(484) | 思う(636) | 皆さん(164) |
| 2 | 皆様(460) | 大阪(371) | 感染(156) |
| 3 | 思う(253) | 感染(277) | 私たち(55) |
| 4 | 東京(253) | お願い(240) | 人(55) |
| 5 | 申し上げる(225) | 皆さん(221) | 医療(53) |
| 6 | 都民(223) | 今(170) | 皆様(53) |
| 7 | 対策(219) | コロナ(162) | 協力(52) |
| 8 | お願い(203) | 状況(156) | 経済(47) |
| 9 | 協力(196) | 施設(151) | 国民(47) |
| 10 | 都(188) | 休業(144) | 対策(44) |

も多く、次に「大阪」が多いことがわかります。「お願い」「感染」「皆さん」なども上位にみられることから、「行動促進」に相当する語彙が特に多いことがわかるとともに、府民に感染防止の協力を頻繁に呼びかけていることが示唆されます。小池氏と吉村氏ともに、「思う」が多く用いられていますが、これは彼らの思いを伝えているのか、以降で詳しく見ていきましょう。

安倍首相の記者会見では、「皆さん」が最も多く、「皆様」も多いことがわかります。「協力」が上位に入っていることからも、聞き手に呼びかけていると推測できます。両知事では上位にみられない「私たち」が多い点は特徴的です。加えて、両知事の会見での頻出語である「思う」が安倍首相の頻出語にはみられなかった理由も、次節以降で考察しましょう。

## 小池東京都知事記者会見の言語的特徴

言語的特徴について、先にあげたクライシスコミュニケーションに重要な四つの言語行動を手がかりに考察します。傍線部に注目しながら見ていきましょう。まず、頻出語彙から示唆された「行動促進」ですが、これには謙譲語を交えた丁寧体が用いられています。発話1のように「思います」で終えられているケースが多くみられました。

1　性急な帰省などは、また移動は控えて頂きたいと思います。（四月七日）

また、「ステイホーム」「ソーシャルディスタンス」といった英語を用いたキャッチフレーズが多用されていた点も特徴的です。

続いて、「対応説明」（施策の提示）については、上位語三位の「思います」が、「行為指示」だけでなく「対応説明」でも用いられていました。加えて、文末には「まいります」「ございます」といった丁寧体が用いられています。

2　これからも順次、ホテル事業者の皆様方と調整も進めまして、感染者の状況に応じて、宿泊療養施設、こちらを開設してまいりたいと思います。（五月一日）

3　都の要請に応じて休業してくださる事業者の方への協力金の支払いなどを行ってまいります。（四月一〇日）

「リスク説明」を、ここでは、状況説明としてとらえることにします。状況説明については、毎回の記者会見の冒頭に、具体的数字を提示するだけでなく、提示された数字の分析（解釈）も加えて行われています。

4　それぞれの指標の昨日時点の状況でございますが、新規陽性者数が、九・〇（人）、新規陽性者におけます接触歴等不明率が五四・〇（％）、これは後で説明します。週単位の陽性者の増加比は一・〇七、ほぼ横ばい、重症患者数三二人、入院患者数は三八〇人までになりました。……感染状況に関しての三つの目安でありますが、新規陽性者数が九・〇（人）、ロードマップで定めた休業要請の緩和の目安は一日当たり二〇人未満でございますので、これは下回っております。（五月二九日）

「共感」については、実に多様な言語ストラテジーが用いられていました。まずあげられるのが、「皆様（皆さん）で／一緒に／共に〜しましょう」といった表現です。

5　事業者の皆さん、そして利用者の皆さんと共に気をつけるところは気をつけて、感染の拡大を、今こそ止めて参りましょう。（七月三〇日）

ラポートトークも多くみられ、聞き手の心情の理解、共有できるトピックの提示、スモールストーリー（後述）が特徴としてあげられます。

6　そして、今回の措置に対して、皆さん不安が多いと思います。（四月一〇日）

7　シャンシャンに会えないとか、残念な思いの方もいらっしゃるかと思います。（四月一〇日）

8　私をご支援いただいてきた方も、ご高齢ではありましたけれども、お亡くなりになって、本当にこのコロナというのは人の命を奪うんだということを改めて心に刻みながら、感染症の拡大をいかに減らしていくのか、防いでいくのか、皆さんとともに闘っていきたいと、このように思います。お焼香にも行けないという状況、なかなか厳しゅうござ

います。（四月一七日）

発話6や7のように、聞き手（都民）の気持ちを理解し寄り添う表現が多くみられます。発話7では、都民なら誰でも知っている上野動物園の人気者であるパンダのシャンシャンの名前を出すことで、聞き手が親近感を感じることでしょう。発話8では公人ではなく私人としてのエピソードを語ることで、聞き手は語り手の世界に入り込み、コロナで知人を失くすことがどれほどつらく悲しいことかについて共有・共感するでしょう。記者会見の談話に織り込まれるこのようなスモールストーリー（現在進行中の出来事、未来や仮定の出来事、周知の出来事やその断片を語ること）は、聞き手との共感を生み出すことに役立っているのです。

さらに、記者会見の最初や最後で、何度か雑談が挿入されるというシーンがみられました。

9　これからも、皆様方のご協力を引き続きお願いすると同時に、しっかりと、このようなデータなどもお示しをさせていただくということかと思います。関係ないけど、私、口紅忘れてる？　もうこのところ、全然しないです。関係ないですけど。化粧品も売れないとか聞きましたけど。（五月二九日）

10　はい、えー。口紅してくるの忘れました。すみません。（七月三〇日）

マスクをつけていると口紅を塗り忘れるというのは、コロナ禍でよく経験することです。これも私人としての視点からの発言かつ雑談であり、聞いているとクスっとするような共感や身近さを感じられます。

聞き手に向けて、お願いした（指示した）行為への協力に対する感謝も、毎回の記者会見で表明されていました。

11　都民の皆様におかれては、この間、不要不急の外出の自粛にご協力いただいて、改めて御礼（おんれい）を申し上げたく存じます。（四月一〇日）

最後に、都知事、つまり都の長としての強い気持ち、決断の表明に主語として「私（わたくし）」を文頭に出して述べているのも興味深い点です。

12　私（わたくし）は、現場を預かる都知事でございます。都民の命、そして健康、そして逼迫する医療現場を守るために、この一カ月、総力を挙げて、何としてでも八割抑制をめざしていきたい、めざさなければならない、そのように意を強くしております。（四月一〇日）

13　私（わたくし）は、いつも「備えよ常に」がモットーだということを申し上げていますが、まさしくこれからも「備えよ常に」の精神を基に、都政を、感染拡大の防止にしっかりとお務めできるようにしていきたいと考えております。（五月二九日）

記者会見全体の特徴として、非常にていねいな口調であること（～でございます、～おります、～であります、～感謝を申し上げたく存じます等）、新型コロナ対策に関する多くのキャッチフレーズを生み出した点があげられます。「オーバーシュート」「東京アラート」といった英語が多用され、「三密」が二〇二〇年流行語大賞に選ばれた事例からもわかるように、都民のみならず国全体に広く普及しました。

## 吉村大阪府知事記者会見の言語的特徴

頻出語彙でも多くみられた「行動促進」については、シンプルなメッセージに加えて、特に初期の頃には、その理由や根拠の提示が行われるという点が顕著です。文末が、「思います」という例も多数みられた点は小池氏と共通しています。加えて、文末表現について、記者会見では全般的に「です・ます」が用いられていますが、「行動促進」では「させていただく」「いたします」といった謙譲表現が用いられていた点も興味深いです。

14　メッセージとしては非常にシンプルです。とにかく、家に、いてください、ということです。五月六日まで。どうしてもという用事以外は家にいてください、ということです。それによって救われる命があるということですので、よろしくお願いします。（四月七日）

15　これまで府民の皆さんにお願いしています外出の自粛、イベントの開催の自粛、そして、一定の範囲の事業者の皆さんの休業のお願い、これを継続させていただきたいと思います。（五月二日）

「対応説明」（施策提示）でも、小池氏と同じように「思います」が用いられていました。

16　社会経済活動を一定徐々に、今は厳しいいろんな休業のお願いをしていますが、徐々に徐々に緩和するという策を取りたいと思います。（五月二日）

「状況説明」については、小池氏同様、毎回の記者会見の冒頭に、具体的数字を提示するだけでなく、提示された数字の分析（解釈）も加えられていました。

17　これは七日間ごとの陽性者の推移ですけども、これを見て明らかに分かるとおり、四月一〇日から四月一六日、この辺が一番多い状況でした。今の一週間は、五九人とリンク不明二〇名、一週間足してこのぐらいの数字になっている、そういう状況です。本日については、五〇〇件以上の検査をしていますが、感染者は三名、リンク不明の方は一名というところまで抑え込んでいます。（五月一四日）

「共感」については、小池氏同様、聞き手に向けて、お願いした（指示した）行為への協力に対して感謝の言葉が述べられていました。感謝はポジティブ・ポライトネスとして機能し、共感を示すストラテジーとしてとらえることができます。

18　平日でも大体三〇%から四〇%の減になっていると、非常に多くの皆さんにご協力いただいています。この点については本当に皆さんに感謝を申し上げます。（四月一三日）

吉村氏独自の特徴としては、関西イントネーションの使用があげられます。会見全般で標準語の語彙や文末表現を用いながらも、関西イントネーションで話されています。聞き手（大阪府民）にとっては、日常会話で用いている（聞いている）イントネーションで親しみがもてます。さらに、とりわけ施策説明の際に多く用いられているのが、引用表現です。次のように、引用表現の中では、インフォーマルな関西方言が用いられています。

19　この生活インフラ施設ってどこまで入るの？　たとえば散髪屋さんはどうなんの？とか、散髪屋さんもこっちに入ってくるわけですけども、こういったことについては、やはり非常に細かな分類、産業統計みたいな分類がありますから、それに基づいた分析というのをやっています。（四月七日）

20　じゃ、これ、一体いつまですんの？　ということを、府民の皆さんだけじゃなくて国

民の皆さん全体がやっぱり思われていると思います。（五月二日）

聞き手である大阪府民が、まるで本当に話しているような言い方で、一般市民が聞きたいであろう内容を投げかけ、それについて自身でわかりやすい言葉で答えるという隣接ペアが多くみられました。これはポジティブ・ポライトネスとして働き、聞き手は引き込まれ、共感へとつながると考えられます。

　これ以外の特徴としては、大阪府の長としての強い気持ち、決断の表明に、「僕」という主語を出し、文末は「思います」が用いられていた点は、興味深いです。

21　その中で、僕も知事として国に対する働きかけも一生懸命この間やってきて、国でも法案が提出され、今議論がされていますが、……これに対する大阪府独自の支援策というのを構築して、この中小・零細事業者の皆さんを十分じゃないかもしれませんがお支えしていきたいと思います。（五月二日）

「僕」は、「私」に比べるとインフォーマルな場面で用いられ、目上の人を立てる場合にも用いられます。若い世代の吉村知事が「僕」を用いることで、聞き手にとって身近に感じられたり、年配者からは好意的に受け止められるとも考えられます。若い政治家、親しみのもてる政治家として「僕」の使用も「共感」の構築に機能していると言えるでしょう。加えて、お願いする際や施策の提示の際には、ていねいな表現が用いられていました。これによって、上から目線で偉そうにする政治家ではないという印象にもつながっています。

## 安倍首相記者会見の言語的特徴

「行動促進」では、二知事はシンプルで誰にでもわかりやすい指示を、ていねいな表現を用いて行っていましたが、安倍首相はどうでしょうか？

22　ゴールデンウィークが終わる五月六日までの一カ月に限定して、七割から八割削減をめざし、外出自粛をお願いいたします。（四月七日）

具体的にどのような外出は構わないのか、それに関する説明が続き、指示内容が複雑になってしまっていて、不明確でシンプルではないことがわかります。「行動促進」にかかわる発言でのもう一つの特徴は、「私」「皆さん／皆様」の対立構造です。

23　この週末の外出自粛が要請されています。私からも、こうした自治体の呼びかけに御協力いただくよう、深くお願いいたします。（三月二八日）

24　この一カ月余りで国民の皆様はこのウイルスを正しく恐れ、必要な行動変容に協力してくださいました。……こうした新しい生活様式をこれからも続けてくだされば最悪の事態は回避できると私は信じます。（五月二五日）

自粛するのは皆さん（国民）で、お願いする・評価するのは「私（首相）」であるという対立構造の顕在化は、二知事にはみられなかった特徴です。

「対応説明」についても、二知事とは異なる特徴がみられました。二知事では、施策の提示については、「思います」「予定でございます」といった断言を和らげる文末表現が多く使われました。「思います」という文末表現は、自分自身が思っていることを提示するというより、施策の提示の際に表現を和らげるために用いられていたと言えるでしょう。二知事とも「思います」が頻出語彙の上位に入っていた一方、安倍首相は入っていませんでした。この理由として、安倍首相は、施策の提示の際に、左記のように「〜します」という言い切り型で終えていたからと考えられます。

25　明日の支払にも大変な御苦労をしておられる皆さんに、一日も早く、使い道が全く自由な現金をお届けしなければならないと考えています。五月一日から最大二〇〇万円の持続化給付金の受付を始めましたが、最も早い方で八月(注：八日)から入金を開始します。(五月四日)

26　GDPの四割に上る空前絶後の規模、世界最大の対策によって、この一〇〇年に一度の危機から日本経済を守り抜きます。総額で一三〇兆円を超える強力な資金繰り支援を実施します。(五月二五日)

「入金を開始できればと思います」ではなくて「入金を開始します」、「支援を実施したいと思います」ではなく「実施します」といったストレートな言い方は、明白でわかりやすいという側面はあるものの、とりわけ施策の提示に際しては、少し高圧的に受け取られる可能性があるのかもしれません。

状況説明についても、二知事とは異なり、会見中に具体的な感染者数への言及やそれに関する分析はありませんでした。

代名詞の使用にも特徴がみられます。「行動促進」で、行為を遂行するのは「皆さん（国民）」で、それを評価するのは「私（首相）」という構図について触れましたが、記者会見全体で「皆さん」「皆様」が合計二一七回用いられています（記者会見全体で三万一七五二文字）。これは、吉村知事の二三〇回（一〇万八六四一文字）、小池知事の四七三回（一三万四二三四文字）と比較しても、かなり多いことがわかります。「行動促進」の発話以外でも用いられており、「私―皆さん（皆様）」の対立が記者会見を通して構築されているのです。

これを助長する特徴が、記者会見中多用される「私たち」の使用についてもみられます。一人称の複数形の「私たち」は、聞き手を含む場合と含まない場合があります。

27　九年前、私たちはあの東日本大震災を経験しました。……私たちは大きな困難に直面しています。しかし、私たちはみんなで共に力を合わせれば再び希望をもって前に進んでいくことができる。（四月七日）

発話27は「私たち」に聞き手が含まれた例ですが、大半は以下のように聞き手が含まれない「私たち」だったのです。

28　本当に苦しい中でも今歯を食いしばって頑張っておられる皆さんこそ日本の底力です。皆さんの声は私たちに届いています。（四月七日）

29　私たちはすぐにでも感染症に強い国づくりに着手しなければなりません。（六月一八日）

「私たち」には聞き手（国民）が含まれていないどころか、「私たち（政府）」と対比するものとして「皆さん（国民）」が位置付けられていることがわかります。これでは、「私（たち）」が上の立場で、「皆さん」は下の立場であるというメッセージを発信していると受け取られても仕方がないでしょう。

「共感」については、二知事と同じように、感謝表現が用いられている点があげられます。「国民の皆様」に対する感謝に加えて、いわゆるエッセンシャル・ワーカーに対する感謝も含まれています。

30　全ての国民の皆様の御協力、ここまで根気よく辛抱してくださった皆様に、心より感謝申し上げます。（五月二五日）

31　全国各地の医師、看護師、看護助手、病院スタッフの皆さん、そしてクラスター対策に携わる保健所や専門家、臨床検査技師の皆さんに、日本国民を代表して、心より感謝申し上げます。（四月七日）

お礼を述べられても、お礼を言うのは政府、がんばるのは国民という対立構造では、感謝から共感が生まれるとは言えないでしょう。

四つのコミュニケーション行動以外にも、二知事とは異なる特徴が複数みられました。たとえば、普段用いないような表現（例「一丁目一番地」「日本経済を支える屋台骨」）が多用されたり、突然、国民ではない「国会関係者」「海外の国々」に対しての感謝が述べられたりしましたが、これらは、聞き手に対しての「共感」構築に役立っているとは言えないでしょう。

先述したように、安倍首相の発言については学生から「トップダウンの感じがする」「他人ごと」といった感想があがっていましたが、以上のような言語特徴が、共感の構築にとってマ

表4-2　記者会見の特徴

| | 小池東京都知事 | 吉村大阪府知事 | 安倍首相 |
|---|---|---|---|
| 回数 | 34 | 23 | 8 |
| 行動促進 | 短いキャッチフレーズの使用<br>行動の指示でのていねいな表現 | 1メッセージとその理由の提示<br>行動の指示でのていねいな表現 | 不明瞭な表現<br>行動するのは「国民」でお願い・評価するのは「私」 |
| リスク(状況)説明 | 記者会見冒頭での感染者数・分析の提示 | 数字の提示と分析の提示 | 数字や分析の提示はみられない |
| 対応説明(施策の提示) | ていねいな表現や間接的表現「思います」 | ていねいな表現や間接的表現「思います」 | 言い切り型 |
| 共感 | 「一緒に」「〜しましょう」の使用<br>ラポートトークの多用<br>感謝 | 関西方言のイントネーション<br>日常語を用いた引用(質問)<br>感謝 | 感謝はみられたが，聞き手(国民)以外への感謝もあり |
| その他の特徴 | 知事としての「私」の決断(意思)の提示<br>接続詞の多用，数字(3点，1つ目 等) | 知事としての「僕」の決断(意思)の提示<br>数字の提示と接続詞の多用 | 非論理的展開<br>「私」－「国民」の対立<br>非共感的代名詞使用 |

イナスの要因となっていたと考えられます。

## 聞き手に配慮した優しさが大切

三名の政治家の記者会見の特徴をまとめてみましょう。

表4-2が示すように、吉村知事、小池知事の記者会見には共通した特徴がみられました。①頻繁に記者会見を開催している、②会見の流れがわかりやすい（視覚情報の提示や接続詞使用）、③行為指示はシンプルで誰にでもわかりやすく、その理由も提示している、④リスク説明は具体的な数字と分

析を提示している、⑤多様な方法で聞き手に共感を示しているということです。これらはすべて、聞き手に寄り添う、聞き手志向の語り方であると言えるでしょう。

一方、安倍首相の記者会見では、逆の特徴がみられました。「行動促進」はシンプルとは言えず、「対応説明」(施策提示)では、間接的な言い方ではなく「(私が)〜します」という上から目線の提示の仕方でした。「共感」を示すというより「私・私たち(首相・政府)」と「皆さん・皆様(国民)」の対立構造が顕在化していました。

小池氏、吉村氏の記者会見は、クライシスコミュニケーションの初動期に重要とされる、共感を示し目標行動につなげるという目的にかなった記者会見であり、クライシスコミュニケーションの観点からは模範的であると言えるでしょう。

しかしながら、これら模範的であると考えられる側面でも注意すべき点があります。一点目はクライシスコミュニケーションで重要とされる「共感」についてです。本章で考察した記者会見において、新型コロナを仮想敵とみなし、「みんなで、一緒に」戦うといった表現が多くみられました。記者会見で繰り返し発信された「共感」は、「新型コロナ」に対抗する共感なのです。したがって、繰り返される「共感」の発信によって、新型コロナ感染者や新型コロナウイルスに近い(感染リスクの高い)職場で働く人々やその家族の排除へとつながってしまう危険性があるのです。たとえば、ニュージーランドのアーダーン首相は記者会見において、「感染者に優しくしてください」という発信を頻繁に行っていました。共感は、それとは真逆の排除と表裏一体である点は強調しておきたいと思います。

二点目が、クライシスコミュニケーションが考える模範的スタイルに関してです。「繰り返しの発信を通した①人々への共感の表明、②目標行動の指示、③強いリーダーシップ」は、常に「首長として模範的な」発信のスタイルというわけではありません。このような発信スタイルは、ともすればポピュリズムにもつながるし、人々の行動を抑制しその自由をも奪う危険性を孕んでいる点には、十分に留意すべきでしょう。

いずれにしても、今回新型コロナウイルス感染症という危機的状況を経験したことで、首長の発信が直接自分自身の行動や生活様式に影響を及ぼすことなどから、私たちは危機に直面した際のコミュニケーション（クライシスコミュニケーション）の重要性を痛感しました。今回の考察でわかったことは、クライシスコミュニケーションという情報伝達に主眼を置いたコミュニケーションにおいても、聞き手に思いやりを示し、聞き手に配慮する「優しさ」が重要だということなのです。

## 記者会見からみえる新しい政治家の姿

1章で紹介したように、社会言語学の仕事の主眼は、「生きていることばやコミュニケーションの有り様」を研究することにあります。ミクロな視点からみた言葉使用の有り様は、時として、社会の変化の有り様を映し出します。言葉の変化から社会の変化を見いだせるのも、社会言語学のダイナミズムです。ここまで見てきたコロナ禍の政治家の記者会見の考察から示しましょう。

従来の日本の政治家イメージとしては、「男性」「年配」「世襲制」「話がわかりにくい」等があげられてきました。コロナ禍の記者会見での語り方や伝え方を見ていると、新しい政治家の姿が炙《あぶ》り出されてきます。

聞き手から好印象に受け取られていた、小池氏や吉村氏の言語的特徴をふりかえってみましょう。両氏の共通点として、①接続詞や数字を用いて話題の変わり目を明示する等、話の流れがわかりやすい、②誰にでもわかりやすい表現で語られる、といった聞き手に配慮した話し方があげられます。

それぞれの言語的特徴も確認しておきましょう。小池氏においては、非常に丁寧な言い方が多用されていますが、これは、女性語の特徴と言えます。また英語のフレーズもよく使われます。これらのことからは、「女性」や「グローバルに活躍する人」といった話者のアイデンティティ（姿）が想起されるでしょう。

また、吉村氏については、代名詞「僕」の使用や、くだけた関西弁があげられます。このような話し方からは、「若い」「親しみやすい」という話者のアイデンティティ（姿）がイメージされるでしょう。

二人の話し方が、政治家として一般市民に好意的に受け入れられるという点からわかるように、実際の言語使用から、社会の変化、つまり政治家のイメージの変化も見えてくるというわけです。

さらに、このような変化は当事者である吉村氏自身が考える政治家像についての発言からもわかります。まさにコロナ初動期のころ（二〇二〇年四月）、Twitterでは、懸命に頑張っている吉村知事に対し「＃吉村寝ろ」というハッシュタグが数多く投稿されました。このことをめぐっての記者会見での発言です。

「やはり政治家の役割として、こういう緊急事態で、いろいろ悩ましいこともありますが、常に判断をしていく、決断をしていく、そして実行していく、何もないところから新しいものをつくっていくというのを日々やっているということです。なので、睡眠不足ぐらい当たり前ですよ。死なないですから、睡眠不足ぐらいでは。なので、当たり前のことを僕自身はやっているということに尽きるかなと。政治家は四年に一回選挙がありますから、僕も、府民の命を守るために、自分が考えられることは全てやり切って、職員ではなかなかできない判断もやり切って、何とか府民の命を守るということだけをやり切りたいなというふうには思ってます。それで、もし、ぼろぼろになったら、それは使い捨てたらいいんだと僕は思いますよ。……政治家は、ずっとへばりついた、何か家業のようにこっそりずっとやり続けるというより、政治家は使い捨てのほうが僕はいいと思います」。

この発言からも、政治家の新しい姿が見えてくるのではないでしょうか。日本の政治家と言えば、「男性」「年配」「世襲制」「話がわかりにくい」といったイメージが従来のプロトタイプでしたが、少しずつではあるでしょうが変わってきたことが、言語使用の考察からも明らかです。これからの社会に受け入れられるのは、聞き手(国民、市民)にとって親しみがもてる、性別や年齢、世襲制にとらわれない、そして「優しさ」のある政治家ではないでしょうか。

## オンラインコミュニケーションの強みと弱み

コロナ禍の日常生活では、好むと好まざるとに関わらず、仕事や学校、そしてプライベートでも、オンラインコミュニケーションを取り入れてきました。対面のコミュニケーションが極端に制限されるなか、多くの人々が、寂しさや不便さを感じたことでしょう。とりわけ入学後オンライン授業ばかりだった新入生の一番の悩みは、友達ができず孤立したということだと言います。一方、自分のペースで仕事や勉強ができる、長時間の通勤・通学時間をとらなくてもいい、オフィスに行かなくてもどこからでも仕事ができる等、オンラインコミュニケーションの利点も実感したのではないでしょうか。

本章では、コロナ禍で急激に普及した双方向オンライン会議システムZoomのコミュニケーションに焦点をあてて、優しいコミュニケーションとのかかわりから考えてみます。

オンラインコミュニケーションの強み・弱みとして、具体的にどのような点があげられるでしょうか？　筆者と筆者のゼミ生が実施したアンケート及びフォーカスグループインタビュー（協力者二〇〇名）において、共通して出された意見は表4-3のようにまとめられます。

そこから次の点が指摘できるでしょう。

- オンラインでの弱みが対面での強みである。
- オンラインでもどかしく感じているの（弱み）は、言語以外のコミュニケーションである。

**表4-3　対面／オンラインコミュニケーションの強みと弱み**

| | 対面 | オンライン |
|---|---|---|
| 強み | 非言語（聴覚・視覚）情報が多い<br>空気感・雰囲気が伝わりやすい<br>タイムラグが無い<br>雑談しやすい | 場所を問わない<br>無駄なく情報伝達しやすい |
| 弱み | 場所・時間に縛られる<br>緊張する・恥ずかしい<br>感情が伝わりすぎる<br>論点がずれやすい | 非言語（聴覚・視覚）情報が少ない<br>温度感・雰囲気が伝わりづらい<br>1人しか話せない<br>視線を合わせられない<br>通信環境に左右される<br>タイムラグがある<br>雑談しにくい |

・オンラインでもどかしく感じているの（弱み）は、雑談ができないことである。
・オンラインは場所を問わない。

1章でも紹介したように、コミュニケーションの機能としては、情報伝達の側面だけでなく、対人関係機能面があげられます。表4-3から、対面、オンラインの強み（弱み）はそれぞれの機能に対応していることがわかります。すなわち、対面コミュニケーションにおいては、コミュニケーションの情緒面や対人関係機能面の伝達が強みであり、逆にオンラインコミュニケーションではこれが伝達できない点が弱点だけれども、合理的な情報伝達という点ではすぐれていると言えるでしょう。

つまり、オンラインでは、時間や場所を超えてアクセス可能であるため、セミナーや講義といった情報伝達に重点が置かれた形式には強みが発揮できるというわけです。加えて、もう一点特徴的なのが、合理的にコミュニケーションを操作運営できるという点です。開催中の私語や居眠りといった非合理的な行為は排除できます。ホストが圧倒的なパワーを有しており、強制終了や、カメラや音声のオン・オフ、当該Zoomミーティング(会議・講義)への参加許可についても権限をもっているということです。

## なぜ雑談がしにくいのか?

オンラインコミュニケーションの欠点として、共通してあげられているのが「雑談がしにくい」という点でした。なぜオンラインでは雑談が生じにくいのでしょうか? Zoomによるオンラインミーティングを想定し、雑談の特徴と関連付けると、五つの理由が考えられます。

一点目として、ミーティング前後のフェーズがない(生じにくい)ことがあります。ミーティング前の待ち時間に他の参加者に話しかけることは少ないし、ミーティングが終わるとホストによってミーティングが終了し、アクセスもそこで閉じられてしまうということです。

二点目として、発話のオーバーラップが起きない点があげられます。とりわけ話が盛り上がった時には次々と発話が重なるものですが、Zoomでは一人しか発言できません。日本語会話の特徴として、参加者で会話を紡いでいく「共話」がありますが、対面コミュニケーションでのような共話は、オンラインコミュニケーションでは容易に起こりえないことがわかります。

三点目は、視線の授受ができないという点です。誰が次の発言権を取るかは、視線をその人のほうに向けるといった行動で示す場合が多いのですが、オンラインではこれができません。ターンの授受がスムーズに行われにくいため、雑談のようなテンポある会話の展開につながらないと考えられます。

四点目は、視覚情報が極端に限られ、聞き手行動が機能しづらいということです。平面の小さな四角の中に上半身のみが映し出されるだけで、小さな相槌や、頷きといった聞き手行動は看過される場合が多いのです。この点については、次の節から詳しく紹介しましょう。

最後に、小さな会話の場を作り出すことができないという点です。具体的に言うと、ミーティング中にちょっと隣の人と話すことができないということです。常に会話は一つの場（ミーティングの本題を話す「公式」の場）でしか成しえません。

以上五つの要因は、①談話の周辺的な部分で起こる、②話の盛り上がった時には、オーバーラップが起こる、③活発な聞き手行動がみられる、といった雑談の特徴に関連していると言えるでしょう。雑談が生じにくいオンラインコミュニケーションで、どのような工夫をすればこれを克服できるのでしょうか？　本章の最後に、実践例を紹介しますので参考にしてください。

## 言語以外のコミュニケーションについて考えてみよう

さきほど紹介した調査において、オンラインコミュニケーションの欠点としてあげられていたのが、「オンラインでもどかしく感じていること（弱み）は、言語以外のコミュニケーションである」ということでした。言語以外のコミュニケーションには、表情や身振り（ジェスチャー）だけでなく、声のトーンや大きさ、話すスピード等も含まれます。

非言語コミュニケーションの重要性を語るときによく引かれるものに、「メラビアンの法則」があります。心理学者であるアルバート・メラビアンは、対面コミュニケーションにおいては、「言語情報」「聴覚情報」「視覚情報」という三つの情報が影響を与えていることを発見しました。実験を通して、好意・反感といった態度や感情を伝えるコミュニケーションでは、三つの情報に矛盾がある場合、言語情報である「言語コミュニケーション」より、ジェスチャー等の視覚情報や、声のトーン等の聴覚情報といった「非言語コミュニケーション」の方が影響力をもっていることがわかりました。

たとえば、「楽しい」と言いながら、声のトーンは低く、不機嫌な顔しているといったように、言葉とそれに付随する表情や態度がちぐはぐである状況を想像してみましょう。言葉でどんなに「楽しい」と言っていても、態度や表情がつまらなそうであれば、「つまらなそう」という見た目の印象のほうが強く伝わるということです。

人間はコミュニケーションを行う際に、言葉だけでなく、視覚情報、声のトーン、身振り手振りなど、多くの情報から解釈していることがわかります。そして非言語情報は、とりわけ、コミュニケーションを通した情緒や対人関係機能面の伝達といった役割を担っているということなのです。

## 対面・オンラインで相槌の頻度は変わるのか?

オンラインコミュニケーションでは、視覚情報が極端に限られます。平面の小さな四角の中に上半身のみが映し出されるだけで、小さな相槌や頷きといった聞き手行動は看過される場合が多いという点は、オンラインコミュニケーションを経験した方なら感じているでしょう。しかし、見ているほうが見逃しているだけなのでしょうか? オンラインコミュニケーションにおける聞き手行動は、対面コミュニケーションの時と同じように行われているのでしょうか?

これに関して、筆者のゼミ生（調査当時三年生）が興味深い実験をしたので紹介しましょう。二年生ゼミ生を対象にZoomと対面、二つの状況で、一グループ三人の三つのチームに分けて、七分間、対面とオンラインで話してもらいました。いずれも話しやすいテーマを選びました。Zoomでは「コロナ終息後行きたい国について」、対面では「中高の部活動について」話してもらいました。もちろん、二年生のゼミ生たちには頷きの調査だということは伝えていません。話し合いの話題転換の研究ということで参加してもらいました。

すべての会話を収録して、三年生たちが「頷き」の回数を数えました。さて結果はどうだったでしょうか？　対面もオンラインも変わりはなかったでしょうか？

実験結果は図4-2に示された通りです。実験結果からどのグループでも、オンラインの方が頷く回数が大幅に少ないことがわかります。この結果を見てもっとも驚いたのが、実験に参加してくれた二年生でした。対面の会話では「頷き」の回数があからさまに増えているにもかかわらず、本人たちは無自覚であることがわかりました。

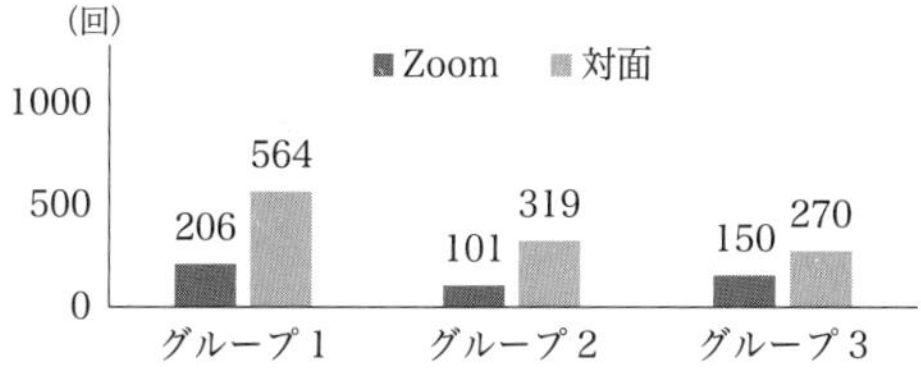


**図4-2**　Zoomと対面での「頷きの回数」の違い

「頷き」には、相手に同意を伝えたり、会話のタイミングをはかったりする機能があります。頷く動作を行うことによって、話し手と聞き手の間でリズムを作り、共感や一体感を生みだします。会話の相手と心や体のリズムが合うことを「リズム同調」と言いますが、「頷き」もリズムを合わせる動作であり、目に見える形でお互いにやり取りができるものです。そのため、オンラインにおいてもお互いにリズムを合わせてコミュニケーションを取ることによって、一体感が高まるのです。

しかし、話し手と視線を合わせられない、画面越しに見ているだけのオンラインコミュニケーションでは、無意識のうちに、頷きを含んだ聞き手行動が減っているのだと考えられます。

## オンラインコミュニケーションの工夫

これまで述べてきたオンライン上のコミュニケーションの弱点は、どのように克服できるのでしょうか？　2章、3章でも紹介したまちづくりの話し合いのファシリテーターを例として紹介しましょう。オンライン上の話し合いで、ファシリテーターは、どのような工夫をしたのでしょうか？

まちづくりの話し合いや、ファシリテーターについて簡単にふりかえっておきましょう。まちづくりの話し合いの特徴として、①産官学民といったセクターを超えた価値観や利害の異なる人々によって行われる、②参加者たちは今後も継続的に地域に関わっていく可能性が高い、③参加者たちは立場を超えて継続的に協力していく必要性がある(可能性がある)点があげられます。ファシリテーターとは、「議論に対して中立的な立場で議論を進行しながら参加者から意見を引き出し、合意形成に向けて提案をまとめる調整役」で、社会活動や地域住民活動においてその役割が注目されていますが、とりわけまちづくりの話し合いにおいて、ファシリテーターには、議論の進行と運営を担うと同時に、参加者間の関係構築に携わるという役割があると指摘されています。めざすゴールは、単に話し合って結論を導き出すということではなく、話し合いの参加者間につながりを構築し、それぞれの立場を超えて協力して課題を解決したり政策を立案したりすることにあるのです。このような話し合いを陰で支えるのがファシリテーターであると言えます。

2章、3章で紹介したように、ファシリテーターは、話し合いの本題に入る前の雑談によるアイスブレイクや積極的な聞き手行動を通して、参加者間のラポール構築やどの参加者も安心して話せる話し合いの場づくりに大きな役割を果たしています。対面の話し合いでみられたこのようなファシリテーターの言語的ふるまいは、オンラインの話し合いではどのように発揮されたのでしょうか?

考察対象は二日間にわたるオンラインの話し合い収録データと、四人のファシリテーターへのオンラインの話し合いで気を付けていることについての聞き取り調査です。いずれも新型コロナの感染が拡大し、オンラインコミュニケーションが急速に広まった二〇二〇年九月に実施しました。いずれのファシリテーターも、コロナ禍で多くの話し合いをオンラインに切り替えて実施していました。

オンラインの話し合いを進める際に、対面と比較して気になった点については、次の五点にまとめられます。

①参加者に視線が送れない。
②見えているものが違う(見えている画面の様子が異なる)。
③オンラインだと共有できる情報量が少ないし、参加者の雰囲気がわかりにくい。
④話し合いが盛り上がりにくい。
⑤対面の時よりも参加者の表情をよりしっかりと見るようにしている。

オンラインの話し合いの観察や収録データの分析からみえてきたのは、対面と異なるファシリテーターのふるまいでした。それらは、ファシリテーターが右記課題に対して行っている工夫でもあると考えられ、次の六点にまとめられます。

一点目は、ファシリテーターが、対面の話し合いに比べて、大きく首を縦に振る相槌のジェスチャーを頻繁に行っているということです。対面であれば、参加者の発言の途中で発言に重なるように、「ああ」「はい」「うん」といった音声の相槌が多用されていましたが、オンラインでは重複発言ができないこともあるのか、大きく首を縦に振ることで、参加者の発言を積極的に聞いていることが示されていました。

二点目として、参加者のWi-Fiの状況やオンラインツールの習熟レベル差について配慮する発言が多くなされていた点があげられます。

【1】

FT（話し合いの本題に入る前に）はい。じゃあ、どうしようかな。画面共有しようと思うんですけど、もしかしたら、この見え方の設定とかで、もしかして知らない方もいらっしゃるかもと思って、共有しておきたいんですけど。今日、みなさん、パソコンから入ってらっしゃいますか？

（画面共有後のギャラリービューについて説明）

今、画面見えてますか？　全員の顔見えてますか？

（二人しか見えてない人がいるのでその人に確認しながら説明）

あー、よかった［FT一人で拍手］

ここまでOKそうですか？　このまま話し合いの中身に入っていっても大丈夫ですか？

（一人がWi-Fiの調子が良くないようでフリーズした。しかし数秒後画面が元に戻った様子）

山本さん、あ、よかったです。はーい。

ツールもなれないので、いつでも言ってください。

【1】にみられるように、ファシリテーターは、たびたび参加者のWi-Fiの状況を確認しながら話し合いを進めていました。加えて、オンラインツールに慣れているかどうかも確認し、慣れていない参加者には、左記のように違う方法でサポートしていました。

【2】
（オンライン話し合いで、Googleドキュメントを共有しながら作業している。参加者の一人がうまく入力できない様子であることを察知して）
FT　東さん、どうでしょうか？　チャットに入力してもらったら、こちらで書きますので。もし、難しそうなら、全然大丈夫ですので、口頭で言ってください。こちらで記入しますね。

三点目は、ファシリテーター自らが、チャットを積極的に使用するだけでなく、参加者にもそれらの使用を促していた点があげられます。

【3　チャット】
（一三時三四分）　FT　一つ目の話し合いのお題、外国人を案内するおすすめ京都観光プラン
（一三時三五分）　FT　使い方でわからないことがあれば随時チャットで聞いてくださいね(^^)

（一四時二六分）　ＦＴ　能楽堂　http://www.kongou-net.com/schedule/index.html
（一七時一五分）　参加者　すみません、画面がかたまり色塗りができていません
（一七時一五分）　ＦＴ　和井田さん　りょーかいです！　お知らせありがとうございます！
（一七時二八分）　ＦＴ　お疲れ様でしたー!!

対面の話し合いでは、参加者が付箋に意見を書いている等、個人ワークの際に困っている様子の参加者に「わからなかったら言ってくださいね」と声かけしたり、「気楽にリラックスして書いてくださいね」と励ましの言葉をかけたりする様子がみられました。オンラインでは、これを、チャットを活用して行っていたということです。

四点目として、話し合いのプロセスの共有です。対面の話し合いでは、テーブルに模造紙を広げて参加者同士で気づいたことを記した付箋を貼りながら話し合いを進めたり、全員が見えるところにホワイトボードを置いて、ファシリテーターが書きながら話し合いを進めたりしていました。いずれも、話し合いのプロセスを参加者が共有できるための工夫です。オンラインでは、オンラインホワイトボードやGoogleドキュメントを共有しながら、対面の時と同じよ

うに話し合いが進められていました。オンラインツールに慣れていない参加者については、ファシリテーターが代わりに記入する等フォローされていました。

五点目は、ブレイクアウトルームの積極的活用です。対面の話し合いでは、小グループ(五〜七名程度)で話し合いをした後、最後に各グループから話し合いのプロセスや結果の発表をして、全体で共有という流れが一般的です。オンラインの話し合いでは、これをブレイクアウトルームを活用して行っていました。

最後に、雑談やアイスブレイクが起こりやすい工夫がされていた点があげられます。話し合いの前には、全員が自己紹介や今の気持ちを発表する時間がとられました。休憩時間に入る前には、みんなで一緒にストレッチをするといった活動が取り入れられ、そこでは、笑いや短い感想の言葉(例「できた!」「痛い!」「私も!」)が発せられていました。休憩が終わる少し前には、ファシリテーターは画面オンにして、参加者が入ってきたら「○○さん、お帰りなさい。休憩どうでした?」「△△さん、お疲れになってませんか?」と声かけして、そこで短いながら雑談がされていました。

話し合いを意見交換や合意形成のツールとみなした場合、合理的な情報交換が重要であり、どこからでも参加できるオンラインは適切であるかもしれません。しかし、まちづくりの話し合いにおいては、あるいはこれ以外の話し合いにおいても、参加者間のラポール構築が重要です。コミュニケーションの対人関係機能面の授受が、つまり「優しさ」の表明が、対面に比べて難しいと考えられるオンラインコミュニケーションではありますが、ここで紹介したような工夫が役立つと考えられます。

本章では、危機管理のコミュニケーションやZoomに焦点をあてたオンラインコミュニケーションについて考えてみました。いずれの場合も、実際には相手は目の前にはおらず直接優しさを伝えることが難しい状況です。しかしながら、聞き手が不特定多数である記者会見においても、画面に向かって話すオンラインコミュニケーションにおいても、聞き手（話し相手）のことを思いやる言語的なふるまいが重要であることがわかります。

# 5章

# コミュニケーションデザイン——記述から提案へ

社会言語学の主眼は、「生きていることばやコミュニケーションの有り様」を記述することです。しかし記述を越えて、何かしら社会に提案できることがあるのではないかという思いをもちながら、言語・コミュニケーション研究の社会貢献というテーマに取り組んできました。とりわけ、持続可能な社会の構築やＳＤＧｓの達成への貢献をめざしてきました。

そこで5章では、社会言語学の実証研究の成果をどのように社会に還元できるのか、筆者のこれまでの研究や実践を紹介して考えたいと思います。市民参加型の話し合いの研究からの貢献、職場談話研究からの貢献、観光コミュニケーション研究からの貢献について紹介します。最後に、当事者の語りの研究の可能性についても触れたいと思います。言語・コミュニケーション研究の社会還元と言えば、言語教育への応用が真っ先に思いつくかと思いますが、それ以外の領域には、どのような可能性があるのでしょうか？

5章を通して、社会言語学をより身近に感じてもらい、日常的に無意識のうちに行っているコミュニケーションを、あらためてふりかえるきっかけとなればと思います。

## まちづくりの話し合い

2章で紹介したように、まちづくりとは、地域環境、地域経済、地域社会の質的な向上をめざして、私たちの暮らしを地域という場で設計するプロセスや実践であるととらえることができます。これには、建物や道路といったハード面と、歴史や文化、地域コミュニティといったソフト面の両面が含まれます。行政主導のトップダウンで進められることが多かったのですが、近年は、市民参加やマルチセクター型の協働(partnership)によるボトムアップ型へと変容してきました。

まちづくりを進めるにあたっては、地域のさまざまな課題探究から政策・施策策定に至るプロセスの様々なフェーズで、多様な関係者が話し合いを通して意思決定を行うことが必要です。自治体だけでなく、企業、NPO、市民、ときには学校や大学といった産官学民を超えたコミュニケーションや、様々なセクターからの参加者間の話し合いが求められるのです。

筆者は、一五年ほど前から、まちづくりの話し合いの研究を続けていますが、初めてまちづくりの話し合いを見学した時のことは、今でも鮮明に覚えています。当時は、ビジネスミーティングの研究も行っていたのですが、両者のあまりの違いに衝撃を受けました。まちづくりの話し合いでは、何を目的に話し合われ、何がどこまで決まったか、今何が話されているかが、話し合いを外から見ている部外者にも非常にわかりやすかったのです。さらに、初対面に近い人同士が、ほんの数時間で意見を交わしていくのも驚きでした。ビジネスミーティングの場合は、ミーティング参加者の解説なしには、内容だけでなく、進め方や何がどこまで決まったかも、部外者の筆者には十分理解できませんでした。また、人による（社会的地位による）発言量の差もはっきりしていました。この違いは何にあるのでしょうか？　これを考えるために、まちづくりの話し合いの特徴についてみてみましょう。

まずは、参加者間の関係があげられます。話し合いのメンバーの所属は、自治会、ＰＴＡ、市民グループ、ＮＰＯ、自治体、企業、大学とさまざまですし、ほとんどの参加者が初対面同士です。二つ目には、参加者がもつ話し合いのテーマに関する情報量という点でも特徴的です。ビジネスミーティングでは、参加者間で、ある程度の共有知識があるのが当然でしょうが、まちづくりの話し合いは、参加者も多様で、参加者によって、当該テーマについての情報量もばらばらです。三つ目の特徴としては、参加者が、その地域とつながっているという点があげられます。価値観や利害、そして年代や社会的地位の異なる人々が、将来にわたり、立場を超えて、その地域と関わりつながりながら協力していく必要があるということです。このような状況下のコミュニケーション・モードとしては、相手の意見を論破して「Ａ」か「Ｂ」かを決める「討論(ディベート)」よりも、多様な立場や価値観をもつ人々の意見を擦り合わせながら解決策を導き出す「話し合い」の方がふさわしいのです。そして何よりも特徴的なのがファシリテーターの存在です。

## ファシリテーターの言語的ふるまい

話し合いに参加した人たちの感想で特徴的だったのが、「ファシリテーターさんのおかげで話し合いがうまく進んだ」とか「ファシリテーターさんのおかげで安心して話し合いに参加できた」といった、ファシリテーターの重要性についてのコメントです。立場や価値観の異なる初対面同士の話し合いを、難なく進められるファシリテーターという役割に、筆者も非常に興味をもちました。

そこで、話し合いの現場のフィールドワーク、ファシリテーターへの聞き取り調査、まちづくりの話し合い談話の収録の分析を、継続して実施したのです。もちろん、それぞれのファシリテーターの話し合いの進め方や言語的ふるまいには個性も反映されますが、2章、3章で紹介したポイントも含めて、次のような共通する特徴を見出しました。

①話し合いを始める前に、参加者全員の自己紹介等のアイスブレイクに時間をかける（詳細は2章）。
②相槌、共感や同意、繰り返し、肯定的コメント等、発言を積極的に聞いていることを明示的に表す言語ストラテジーを頻繁に使用する（詳細は3章）。
③全体を通して、発言の割り振りに配慮し、発言していない人、発言量の少ない人に積極的に発言権を与えるようにする。
④意見をとりさげるときには、提案者に配慮を示す言葉をかける。
⑤話し合いを始める前に、話し合いのルールを提示する。
⑥話し合いのトピックを、その都度わかりやすく明確に提示する。
⑦繰り返し合意項目を確認し、小さな合意を重ねることで、大きなテーマの合意につなげる。
⑧話題の変わり目は、ことばで明示的に表す（例「まず」「では、次に」「続いて」）。

これらの特徴は、大きく二つのグループに分けることができます。①〜④は、言語の対人関係機能面に関わり、ワークショップのメンバーに配慮を示すストラテジーです。参加者に共感や理解を示したり、積極的に聞いているというシグナルを送ることで、同じ話し合いの場を共有するメンバーであるという連帯感を表します。⑤〜⑧は、話し合いのプロセスやフレームワークといった話し合いのメタ的情報の提示を行うストラテジーです。これらは、話し言葉による場合もありますが、参加者が共通して見ることができるホワイトボードや模造紙に書いて行う場合もあります。ファシリテーターは、どの参加者も平等に話し合いの進行についていけるように、話し合いの流れやプロセスを明示的なことばで繰り返していねいに提示していました。だから、部外者である筆者にも、これまでに何が決まったのか、今何を話し合っているのか等、話し合いのプロセスが簡単に理解できるというわけです。

## ファシリテーターが果たす役割

一般的には進行役と位置づけられているファシリテーターですが、同時に別の役割を担っていることも明らかになりました。一つには、初対面の参加者同士の緊張を和らげ、参加者間の対人関係構築を率先するという役割です。話し合いの初期の段階では、ファシリテーターの積極的な働きかけによって、各参加者とファシリテーターの間にラポールが生まれ、参加者がファシリテーターに向かって発言し、ファシリテーターがそれに応えるという、ファシリテーターと各参加者とのやりとりが目立ちます。しかし、話し合いの場が和むにつれて、参加者間でことばのキャッチボールが起こるようになるのです。3章でも紹介したように、この一連のプロセスにおいて、ファシリテーターの対人関係機能面に関わる言語ストラテジーの使用が、効果的に働いているのです。

そして、もう一つ、ファシリテーターは異文化間コーディネーターという役割も担っています。話し合いを始める前に、話し合いのルール（「意見を最後まで聞きましょう」「否定で始めないようにしましょう」「積極的に参加しましょう」等）を提示したり、意見を全員から出してもらうよう促したりする言語的ふるまいが多くみられます。まちづくりの話し合いを観察していると、長時間話し続ける参加者もあれば、他の参加者の意見を最後まで聞かず、割り込んで話す参加者もいます。たとえば（もちろん一般化はできませんが）、企業の社長さんや部長さんは、率先して発言されることがしばしば見受けられます。NPOや市民活動グループから参加される方は、若い方であっても、よく発言されているという印象があります。発言量だけでなく、使用する語彙や表現についても他のセクターの人にとってはわからない場合があります。このような特徴は、個人レベルで異なるというよりも、属性（所属）によることが多いようです。A社の話し合いでは上司が活発に発言し、部下はそれを聞く、Bセンターでは、年齢に関係なく誰でもが発言を求められる等、所属する組織やコミュニティの話し合いに関する暗黙のルール（文化）があって、それぞれのルールを持ち込んで話し合いを進めていると言えるでしょう。「市役所の人が言ってることは何を言ってるかわからない」「あの人は、自治会長だからなのか一人しゃべり続けていて他の人が発言できない」といった感想を聞くことがあります。まちづくりの話し合いは、一種の異文化間コミュニケーションでもあり、ファシリテーターはこれを円滑に行えるよう調整しているのです。

以上のようなファシリテーターに特徴的な言語的ふるまいが、「参加者間のラポール構築を促し、参加者同士が話しやすい話し合い」「どの参加者でも話し合いの流れやプロセスを把握できるような話し合い」「参加者が平等な立場で臨める話し合い」へと導いていると考えられます。言い換えれば、話し合いを円滑に進めるためには、話し合いの場作り、プロセスの共有、用いられる語句や情報量の調整、議論のマネージメントが重要であるということになるでしょう。

先述したように、まちづくりの話し合いは、①（産学官民といった）セクターを超えた多様な価値観や立場の人々によって行われる、②メンバー間で当該テーマについての情報量に不均衡がある、③初対面に近い者同士が、同じ地域にともに関わり続けていく限りは、継続して協力していく必要性がある、といった状況下で行われます。ファシリテーターの言語的ふるまいの特徴のうち、対人関係機能面に関わる言語ストラテジーが積極的に使用されるのは、①や③といった状況に起因すると考えられます。また、話し合いのメタ的情報をわかりやすく明示するのは、②の状況下で、メンバー間に存在する当該テーマに関する情報量の差をそれ以上大きくしないように、むしろ少しでも克服できるように、どの参加者も議論の流れについていきやすくするためではないでしょうか。このような点を勘案すると、ファシリテーターの言語的ふるまいの特徴は、住民参加を促し、セクターを超えて協働してまちづくりを進めるために、有効であると言えるのです。

## 地域公共人材と〈つなぎ・ひきだす〉能力

筆者は二〇〇八年度より龍谷大学地域公共人材・政策開発リサーチセンター(以下LORC)のメンバーとして、政治学、社会学、ガバナンス論等の多様な領域の研究者や実務家とともに、持続可能でレジリエントな地域社会の構築をめざした政策形成のシステム、及び、これらを担う人材の育成システムについての実践的研究に取り組んできました。LORCの共同研究を通して、これからの地域社会を担う人材は「地域公共人材」と名付けられ、どのような能力や資質が求められるのかについて解明されました。地域公共人材とは、これからの地域社会において公共政策の形成を主導し、職業や組織、産官学民のセクターの壁を超えて関係性を構築し、パートナーシップを結びながら活動できる人材です。筆者は、社会言語学研究者として、地域公共人材に求められるコミュニケーション能力の具現化に取り組みました。

前節で紹介したまちづくりの話し合いの実証的な研究成果をもとに、公共政策学、非営利組織論の研究者や、実務家の方々と共にさらなる研究を行い、地域公共人材には、対話や議論を通してセクターを超えた多様な人々を「つなぎ」、その関係性から人々がもつ能力や資源を活用して、共有・発見・連携協力を「ひきだす」能力が必要である、つまり、単に話し合って結論を導き出すのではなく、話し合いの参加者間にラポールを構築し、立場を超えて協力して政策的課題を達成する能力が求められていることを見出しました。そしてそれはファシリテーターのスキルや態度と親和的ではないかという結論に至りました。

さらに共同研究を進め、このようなコミュニケーション能力育成のために開発されたのが「対話と議論で〈つなぎ・ひきだす〉ファシリテート能力育成プログラム」です。本プログラムは、「地域公共人材」の能力を保証する、産官学民で開発した職能資格である「地域公共政策士」のプログラム科目（〈つなぎ・ひきだす〉対話・議論能力プログラム）として、筆者が所属する龍谷大学政策学研究科で開講されています。これ以外にも、自治体職員研修や教員免許更新講習として広く展開し、受講生からも好評を得てきました。

### 〈つなぎ・ひきだす〉ファシリテート能力育成プログラム

本節では、〈つなぎ・ひきだす〉ファシリテート能力育成プログラムの概要を紹介します。本プログラムは、基本的には二日間のワークショップと数週間後のふりかえり講義からなります（短縮版は一日）。まず、参加・協働型社会を実現するためのセクターを超えた対話や議論、連携の重要性やワークショップやファシリテーションの基本的概念についての講義の後、ファシリテーションの実施と観察を通して、話し合いのプロセスやファシリテーションのスキルを学びます。獲得目標として、以下の四つをあげています。

①対話・議論、それを通じた〈つなぎ・ひきだす〉能力の機能、重要性を理解する。
②セクターを超えた対話・議論を支援するファシリテートを実践し、〈つなぎ・ひきだす〉能力を習得する。
③話し合いに過程があることを理解し、現在がどの段階にあるかを意識できるようになる。

④対話・議論の能力の理念とスキルの基礎を習得する。

ワークショップは、五～六名程度からなるグループを編成して進めます。午前中の講義に続いて、午後は、「話し合いの実施／観察→ふりかえり(評価)」実践です。たとえば、四グループ(A、B、C、D)で編成された場合は、二グループ(A、B)が話し合いを実施し、残りの二グループが話し合いを観察します(CがA、DがBを観察)。実際にまちづくりの現場で活躍されているプロのファシリテーターの進行による話し合いを実施／観察し、ファシリテーターのふるまいによって話し合いの場が和み、意見交換が次第に活発になっていくプロセスを体感してもらうのです。

一時間程度の話し合いの後は、実施グループと観察グループに、それぞれのふりかえりのためのシートを記入してもらい、その後、二グループ合同でファシリテーターの進行によるふりかえりの話し合いを行います。模造紙に時間軸を書いて、気付いた点を記したポストイットを時間軸に沿って貼ることで可視化し、それを確認しながらふりかえるというものです(図5-1)。

一セットが終わったら、実施／観察の立場を変えて同じセットを再度行い一日目が終了です。

二日目は、グループのメンバーが順にファシリテーター役を体験できるように、五〇分～一

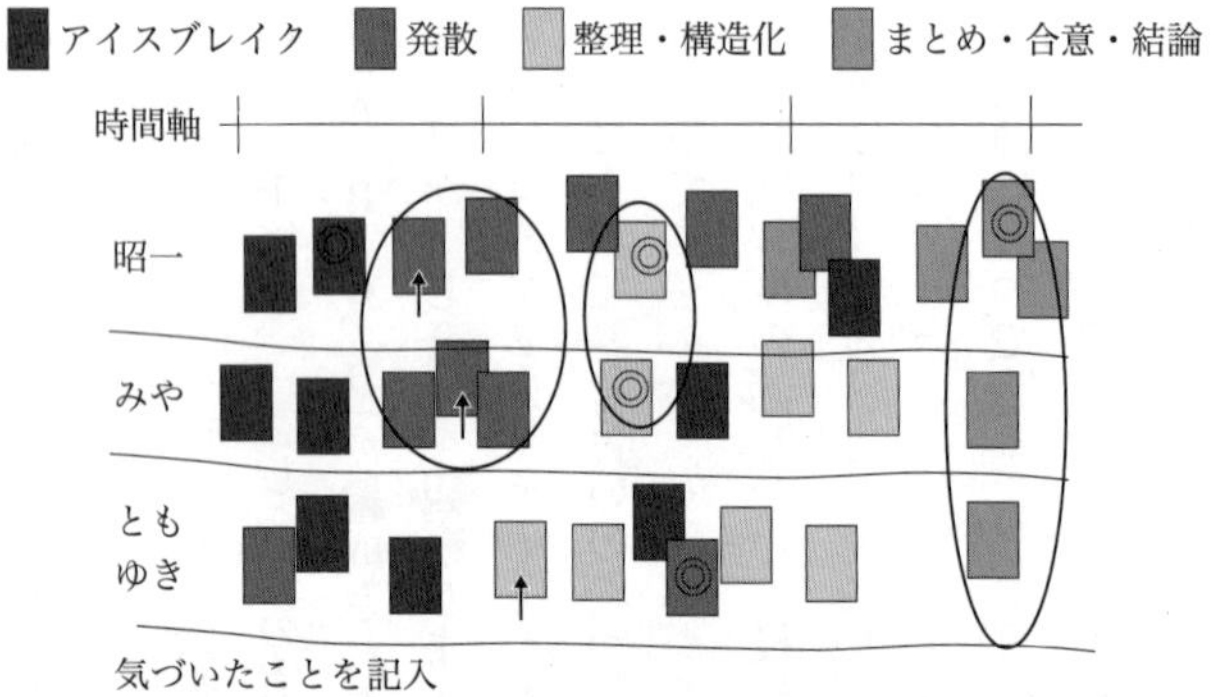


**図 5-1**　フィッシュボールの観察結果を模造紙に貼り出し，可視化する

時間程度の話し合いを繰り返し実施します。それぞれの話し合いの後で、ファシリテーター役は自分の評価を、他のメンバーは、その話し合いのファシリテーターについての評価を記入して、それをファシリテーター役のメンバーに渡すというピア・レビュー形式がとられています。ロールプレイの話し合いの後は、二日間の学びをふりかえります。各グループでふりかえりの話し合いをしたあと、最終発表を行い、最後にファシリテーター及び講師からコメントをもらって、二日間のワークショップは終了です。

　数週間後のふりかえり講義では、参加者の仕事や日常の活動に、ワークショップの学びをどのように活かせるかを考えるワークを行います。最後に、ファシリテーターのふるまいにみられる共通の特徴や、話し合いのプロセスについての講義を行います。ワークショップを通して、参加者は断片的にはファシリテーターのふるまいの特徴について習得していますが、まとめの講義では、前節で紹介したようなファシリテーターのふるまいの特徴を、例を交えて紹介しながら体系化して提示します。話し合い談話の分析結果を踏まえながら、①情報の授受が優先される議論の場においても言語の対人関係機能面が重要な役割を担うこと、②セクターを超えたパートナーシップを進めるためのラポール構築の重要性、③どのような言語的ふるまいが対人関係構築に関わるのかといった点を講義のポイントとして取り入れています。

## プログラムの特徴

本プログラムの特徴は、次の三点にまとめられます。一点目は、フィッシュボール形式やピア・レビューを取り入れている点です。フィッシュボールとは金魚鉢のことで、ある活動を観察する方法のことです。この方法により、話し合いを客観的に見ることができるのです。さらに、ロールプレイでも他者の観察・評価を取り入れることで、自分自身のふるまいを客観視することができるようなデザインにしています。二点目は、話し合いの構造や流れといった話し合いのメタ的な側面(プロセス)に着目させる点です。プログラムで実施する話し合いのテーマは、参加者が話し合いの内容に集中しすぎない程度の意見集約タイプのテーマを選定します。

また、ふりかえりでは、時間軸に沿って「何が起こっていたのか」について話し合いの実施者と観察者双方の意識を確認するという方式をとっています。三点目は、プログラム受講生が、〈つなぎ・ひきだす〉理念と技法を、コミュニケーションの多様な場で発揮できるような設計にした点です。プログラムの目標は、ワークショップという限定された場のファシリテーター育成ではなく、人々がつながり、ひきだしやすいコミュニケーションの場作りができるような能力を身につけることである点を強調します。したがって、ふりかえり講義のワークでは、ワークショップで学んだ〈つなぎ・ひきだす〉理念と技法は、参加者の職場や活動でどのように活用できるかについて考えさせるデザインとなっています。

本プログラムの実施を通して痛感したことがあります。それは、〈つなぎ・ひきだす〉コミュニケーション能力とは、単にスキルの問題ではないということです。授業や研修でこのプログラムを実施していると、しばしば受講者から同じような質問が出されます。「頷くことが大事ということですが、何秒に一回くらい頷けばいいんですか?」「相槌は、うん、はい、そうですね、のうちどれをどの割合で使ったらいいんですか?」といった細かいコミュニケーションのスキルに関する質問です。

研究に協力いただいたファシリテーターには、研究を通して見えてきたファシリテーターの言語的ふるまいの特徴についてお伝えするようにしているのですが、その時決まって聞かれるのが、「指摘されて初めてそうなのかと気づきました」「これまで意識してなかったです」といった言葉です。ファシリテーターは細かいコミュニケーションのスキルに集中していないということです。

筆者がまちづくりのファシリテーターのフィールドワークを通して感じたのが、話し合いが始まってしばらくは、ファシリテーターの言語的ふるまいが目立つのですが、参加者間にラポールが形成され、参加者同士の言葉のキャッチボールが多くなってくると、ファシリテーターの気配がすっとなくなるということです。インタビューの際、ファシリテーターから出てくる言葉で印象的だったのが、「話し合いを進めるのはあくまでも参加者であって、私たちは黒子ですから」ということでした。また、「ファシリテーターはともすれば話し合いを引っ張って進めることもできてしまうということを、いつも自覚しながら話し合いに臨んでいます」「参加者の方々にとって実りある話し合いになるようにどうすればいいかを、いつも心がけて臨んでいます」という言葉も非常に重要です。

つまり、実りある話し合いができるよう支えたいという思い＝パッションが、このような言語的ふるまいに反映されているということなのです。〈つなぎ・ひきだす〉コミュニケーション能力とは、話し合い参加者に対する思いやりや優しさだと言えるのではないでしょうか。

## 話し合いの能力は育成できる?

話し合いを繰り返すことで、話し合い能力が身につくと考えていませんか? 話し合いは経験によって上手くなる――そうは思えない現実に遭遇することが多いのです。まちづくりの話し合いの現場に関わっていると、次のような参加者の様子をよく見かけます。持論を展開しそれに固執する人、人の話を聞かず発言に割り込んで話し続ける人、たえず相手への反論(「でも……」)から始める人。その一方で、話したそうにしながらも話せない人、ずっと黙っている人(話すのをあきらめているように見える人)。また、話し合い参加者からよく聞かれるコメントとしては、「なぜこんな結論になったのか理解できない」「私の意見はどこへ行ってしまったのでしょうか」といったものがあげられます。

参加者はこれまで受けた学校教育や日常生活(自治会、職場、PTA活動等)で、話し合いの経験を積んできたにもかかわらず、話し合いの方法や話し合いへの参加の仕方を習得しているとは言い難いのです。実際、皆さんは、これまでの学校教育で話し合いの進め方や参加の仕方を学んだ経験はあるでしょうか?

筆者は、話し合いを繰り返すことだけで、話し合い能力が向上するとは考えていません。たとえば、コミュニケーション教育の一例として「小論文を書くこと」を取り上げてみましょう。多様なテーマでエッセイ(小論文)を書く練習を繰り返すことだけで、小論文を書く能力が上がるでしょうか？　日本語の小論文であれば、「起承転結」という論理展開を教えるでしょうし、英語のエッセイライティングでも、エッセイを構成するパラグラフの論理展開方法や、パラグラフの構成(トピックセンテンスやそれを支えるサポート文等)を教えることが重要視されます。小論文やエッセイの内容(コンテンツ)はもちろん大切ですが、そのコンテンツをどのように書くか(フレームワークやメタ的情報)の習得も必要不可欠なのです。

これを話し合い能力育成に当てはめると、話し合いの内容(テーマや発言内容)に焦点を置く教育ももちろん重要ですが、それだけでは不十分で、話し合いの方法(話し合いの参加の仕方)について教える必要があると考えます。

## 「参加者として話し合いに臨む姿勢」を育てよう

前節で紹介した〈つなぎ・ひきだす〉ファシリテート能力育成プログラムの実施を通したアクション・リサーチの結果、話し合いには、進行役であるファシリテーターの育成だけでなく、参加者のパーティシパント・シップ（participant-ship 誠実に積極的に参加する態度）の育成が必要であることを痛感しました。そこで、ファシリテート能力育成プログラムのエッセンスを取り入れた学部生向けプログラムである話し合い能力育成プログラムを開発することとなりました。筆者が所属する龍谷大学政策学部（二〇一一年度開設）の二年生向けの授業として、経済学、経営学等領域を超えた同僚たちと共同で、授業内容並びにオリジナルポートフォリオを開発したのです。本プログラムについては、学部開設後、毎年担当者間でふりかえり、ブラッシュアップしています。ここでは開発したオリジナル・バージョンを紹介します。

一五回の授業構成の中で、前半（一〜六回目）は、コミュニケーションをめぐるトピックについてのグループでの話し合いの実施と観察を通して、「いい話し合い」とはどういった話し合いなのかを考えながら、話し合いの参加者として必要なマナーやルールを身につけるようにデザインされています。後半（七〜一五回目）は、前半で身に付けたルールやマナーを踏まえて、グループで協力して与えられた課題を達成します。この授業では、先輩たちにファシリテーター役として参加してもらいます。

本プログラムの特徴は次のようにまとめられます。

①コミュニケーションをめぐるテーマについて様々な種類の話し合いを体験し、話し合いのスタイルの多様性を実感させる設計とした。
②話し合いの中身(内容)よりも、どのような流れで話し合いが進んでいったのかというプロセスに着目できるよう、話し合いの実施／観察→ふりかえりにオリジナル・シート(話し合いの場の構築、平等性、活発さ、誠実な参加態度、議論の管理、コンセンサスといった評価項目)の記入を取り入れた。
③話すことよりもむしろ聞くことに注目させる設計とした。
④話し合いの場作りの重要性に着目できるよう、条件を変えた話し合い(アイスブレイクの有無、司会やタイムキーパーの準備の有無等)を体験させた。

初等・中等教育で、グループディスカッションの経験はあるものの、話し合いの方法や進め方を学んだことはないという学生が大半です。本節で紹介した話し合い能力育成プログラム受講生のアンケートでは、話し合いの意義や話し合いの参加者としてのスキルだけでなく、マインド(話し合いに臨む態度)を学んだという肯定的なコメントが多数を占めました。「話し合いで大切なことは自分の意見を述べることや説得することだ」という意見から、プログラム終了時には、「自分の意見を伝えることと同じ位大切なことは、相手の意見を聞くことだ」といった意見への変容がみられました。話し合いの談話分析からは、初回では合意形成は少人数で行われていたのが、授業が進むにつれて多人数で合意形成がなされたり、発言していない参加者には発言を促す等のふるまいがみられました。また、すべての参加者が発言するようになるという傾向もみられました。

本プログラムの実施を通して、筆者自身が痛感したことは、コミュニケーションは双方向であるということです。「話し合い」は誰かが一方的に「話す」ために行うのではありません。「話し」「合う」のです。そして、話すこと以上に、ほかの参加者の意見を「きく(聞く・聴く・訊く)こと」が大切なのです。

文部科学省も、主体的・対話的で深い学びの実現を教育目標に掲げています。これからの社会を担う人材には、話し合いができる能力は必須です。市民参加のまちづくりをさらに進めていくためにも、話し合いリテラシーを身につけることが、今後ますます求められるのではないでしょうか。

話し合いの研究成果を踏まえたコミュニケーションデザイン

地域政策研究をめぐる領域の研究者や実務家、協力者の方々のおかげで、筆者はこれまでに様々な話し合い実践のフィールドワークや談話分析を行ってきました。半日から一日で開催される市民参加型の話し合いだけでなく、数カ月かけて地域課題を探究し、それらを解決するための実践を提案する話し合いや、社会課題解決をめざした組織のメンバー中心の話し合い実践等が含まれます。まちづくりの話し合いの実証研究を通して筆者が気づいたことは、話し合いは、情報収集や合意形成をめざすコミュニケーションツールであると考えられるけれども、そういった目的で開催されたとしても、参加者にとっては「学び」が大きいということでした。「いろんな意見を聞くことができた」「この地域のことをいろいろ知ることができた」等、地域について、あるいは、多様な考え方を知るといった学びに言及する感想が多く聞かれました。加えて、一回の参加をきっかけにまちづくりの活動に積極的に参加するようになった、話し合いをしたグループのメンバーでまちづくりの活動を始めることになったといった、課題を自分ごとにしたり、自主性につながったりするという光景にも何度も遭遇しました。

そして、このような変化を起こす要因は、異質な他者との話し合いによってではないかと考えるようになりました。異なるセクターや職業、異なる世代、異なる価値観や考え方をもつ人たちとの、話し合いを通して「異なり」を知ることで、人は自身の考え方や価値観を省察し、

「異なり」に寛容になっていく（寛容とまでいかなくても理解できるようになる）のではないでしょうか。加えて、このようなプラスの変化に共通しているのが、わくわくするような楽しい話し合いの場であったということです。これまでの研究をベースに、参加者にプラスの変化をもたらすような話し合いのデザインができるのではないか。このような思いをもちながら、話し合いのデザインにも取り組んでいます。その一例を紹介します。

特定の地域において、特定の問題に関わる人々を相互につなげるとともに、彼らによる問題解決にむけた具体的な取り組みを促すようなコミュニケーションの場を設計するプロジェクトに携わりました。関係者間の関係の醸成と、問題解決にむけた行動の触発という二つの目的が設定されていました。人々がつながりアイデアや意見をひきだしやすいワークショップ形式の「ざっくばらんサロン」、課題を明らかにするインタビュー形式の「ローリング・サロン」、具体的な活動を可視化する円卓会議形式の「まちづくりサロン」といったスタイルの異なる話し合いを二年間にわたって行い、それらが実際の課題解決のための活動につながったということがあります。

また、二〇二一、二二年度に、エネルギー政策や持続可能性を専門とするＬＯＲＣ研究員や学生運営チームと一緒に、筆者の勤務する龍谷大学で学生気候会議を開催しました。気候市民会議は、無作為抽出で集まった一般の市民（数十〜一五〇人程度）が数週間から数カ月かけて気候変動対策について話し合う会議で、二〇一九年頃から、欧州を始めとする諸外国で開催されています。話し合いの結果は国や自治体の政策決定に活用されます。国内では、「気候市民会議さっぽろ二〇二〇」（全面オンライン）が初めての開催です。筆者らのプロジェクトでは国内大学での先進事例ということもあり、一年目は参加学生の気候変動問題への理解と話し合いを通した主体性の涵養と担い手の育成、二年目には大学への提言作成を主たる目的としました。

筆者は、会議前のファシリテーター研修や会議デザインの一部を担当しました。教育的効果や話し合いの促進をめざして、①学部や学年を超えた参加者同士が話せるようなチーム構成とする（異なる他者との対話による気づきや省察）、②学生たち自身が話し合いのファシリテーター役を担う（主体性を育てる教育的効果）、③教室で実際にホワイトボード、付箋、模造紙を使用し対話の「場」の共有をはかる、④初対面でも話しやすい場づくりのためのアイスブレイクや、感想や思いを共有するチェックイン、チェックアウトの時間を取り、参加者としてのアイデンティティの構築を促す、という四つのポイントを取り入れて設計しました。いずれの会議も、参加学生たちが熱心に取り組み、まさに楽しくわくわくするような話し合いの場となり、素晴らしい成果を出すことができました。

## 「話し合い」を多層的に研究する

ここまで、ミクロな視点からのコミュニケーションに焦点を絞って論じてきました。社会言語学研究者の立場からすれば、まちづくりの現場において、「話し合い」が所与のものとしてとらえられているのではないかと感じることがあります。話し合いは誰でも経験しているごく普通のコミュニケーションだし、誰でもできるものだ、ととらえられているということです。しかし、そのメカニズムは誰にでもわかっていることでしょうか？　あらためて単体の話し合いをミクロな視点から考察し、産官学民を超えたマルチパートナーシップに求められる話し合いとはどのようなものなのかについて議論することや、それを実施できるコミュニケーション能力を提起することには意義があると考えます。

一方、話し合いを研究する際やデザインする際、とりわけ社会課題の解決をめざす話し合いでは、ミクロな視点からだけでは不十分であると言えます。筆者が関わってきた話し合いデザインのプロジェクトは、常に関連領域の多様な研究者や実務家の方々との共同で進めてきたものです。話し合い研究には領域を越えたアプローチが必要です。発話や言語的ふるまいに焦点を置いたミクロな研究だけではなく、話し合いを通して出てきた意見を政策や施策に取り入れる仕組み、そして話し合い自体を政策形成に取り入れるシステムや制度が必要であるということです。話し合いを単にコミュニケーションの現場に限定せず、制度やシステムといったマクロレベルまで含めた総体としてとらえる「話し合い学」が求められています。

### 職場談話研究プロジェクトから見えてきたこと

職場談話研究で国際的に展開するプロジェクトであるLanguage in the Workplace Project（以下ＬＷＰ）は、ニュージーランド国立ヴィクトリア大学ウェリントンで、一九九六年に研究を開始しました。学術的な発信のみならず、研究成果の社会的発信にも積極的に取り組んできました。工場や中小企業から大企業や政府機関まで、さまざまな職場のコミュニケーションの収録データを分析するだけでなく、関係者へのインタビューや現場のエスノグラフィも組み込んだ重層的アプローチによる研究を行っています。職場コミュニケーションの実証研究から明らかになったポイントは次の三点です。

まずは、言語の対人関係機能面を担う談話が、仕事を円滑に進めるために非常に重要であるということです。仕事を効率的に進めることが目的である職場の談話において、情報伝達に関わる談話が重要な役割を担うことは言うまでもありません。しかし、ＬＷＰの研究で明らかになったことは、むしろ、効率性とは対極にある、2章でも紹介した雑談やユーモアといった対人関係機能面を担う談話が非常に重要であるということです。

二点目は、2章でも述べたように、職場談話にみられる言語行動は、職場文化のみならず、国の文化からの影響を受けているということです。職場のチームメンバーが共有する談話行動に関する暗黙のルールは、そのチームが属する会社や組織の文化から影響を受け、さらにその外側の、その会社や組織が埋め込まれている社会、つまり国・地域の文化にも影響を受けているのです(2章図2-3)。

三点目として、コミュニケーションをめぐるそのグループ(コミュニティ)の暗黙のルールは、多くは対人関係機能面に関連することだということ、そして、内部の人間にとっては、ごく普通のことで、些細でとらえにくいものだということです。このような暗黙のルールは、職場の人たちへのインタビューからはなかなか出てきません。ましてや、量的なアンケートからは見えてこないものです。しかし、このような暗黙のルールこそが、グループの内と外を隔てるものであり、ミスコミュニケーションの原因になり得るのです。しかも、意識的であれ無意識であれ、それらを習得することが、職場チームのメンバーシップの獲得につながるのです。こういったルールは、どうすれば可視化できるのでしょうか?　実際の職場談話のミクロな分析や、会話参加者のインタビューに出てくるメタ語用論的な発言から顕在化するということが、ＬＷＰの実証研究から指摘されています。

ところで、これら二つ目三つ目のポイントは、日本国内の職場談話ではどのように顕れるのでしょうか？　筆者の実証研究から考えてみましょう。

## ユーモアの研究から見えてきたこと

職場談話にみられる対人関係機能面を担う代表的な談話ストラテジーが、雑談とユーモアです。雑談については、2章で紹介したので、本節ではユーモアについて考えてみましょう。職場のユーモアは、親しみを表し、チームワークや仲間意識を高めます。そして、メンバー間で共有できるユーモアは、共有知識や共有の規範を強める役割もあります。また、職場談話においては、参加者間のパワーインバランスがあり、ユーモアにはチームメンバー間の権力の差を弱める働きがあると言われています。欧米の研究では、ユーモアは使用することでお互いが平等であることを強調し、パワーインバランスを調整するためのストラテジーであると指摘されています。

筆者は、ニュージーランドの職場（Z社）と日本の職場（Ja社、Jb社、Jc社）のビジネスミーティ

**表 5-1　調査対象社と考察したミーティングの詳細**

| Z 社(NZ) | Ja 社 | Jb 社 | Jc 社 |
|---|---|---|---|
| 印刷関係 | IT 系 | IT 系 | 電子機器部品メーカー |
| ウェリントン本社・国内営業所 | 関西本社・東京オフィス | 関西本社・東京オフィス | 関西本社・関西工場 |
| 約 80 名 | 約 100 名 | 約 180 名 | 約 80 名 |
| マネージメント会議 | 経営戦略会議 | マネージメント会議 | 生産会議 |
| 3 回分 | 3 回分 | 3 回分 | 3 回分 |
| 1.5 時間×3 10〜11 名 | 2.5 時間×3 15〜20 名 | 4 時間×3 20 名 | 1 時間×3 3〜5 名 |
| 営業担当者から進捗状況報告 | 営業担当者から進捗状況報告 | 各部(課)から進捗状況報告 | 業務の進行状況レポート中心 |

ング談話にみられるユーモアを考察しました（表5-1）。四社のビジネスミーティングにみられるユーモアの特徴は次のようにまとめられます。

- Z社：発言者が不特定。ミーティング参加者が協力して協働で構築するタイプのユーモアが目立って使用されていた。また、全体的なトーンも快活で、参加者が上司をからかうという例もみられた。
- Ja・Jb社：特定の人物が率先してユーモアを発言していた。ユーモアのタイプについては、ユーモア↓笑い（肯定的応答）で反応するというパターンであった。
- Jc社：会議中にユーモアはみられない。

まず、Z社（ニュージーランド）とJa、Jb社（日本）では大きな違いがありました。Z社では、年齢や会社内の地位に関係なく、誰でもがユーモアを言い、とりわけ会議メンバーによって協働で構築するタイプのユーモアが多くみられた一方、日本の会社では、特定の人がユーモアを言いそれに対して笑いや肯定的応答で反応するというパターンでした。

Ja社とJb社は、ユーモアのパターンは似ていますが、ユーモアの発言者は異なっていました。Ja社では、CEOが率先してユーモアを言う場合が多かったのですが、会議の最中では、司会者もユーモアを言っている例が多数みられました。Jb社の会議では、参加者の中でもっとも年齢が高い取締役が率先してユーモアを言っていた一方、会議途中の休憩時間になると、CEO（Jb社ではCEOは比較的年齢が若い）が率先してユーモアを言っていました。Ja社とJb社でユーモアを言う「特定の人」とは、その会話の場でパワーを有する人と言えるでしょうが、そこには役職だけでなく年齢も関わっているようです。

一方、Jc社では、CEO（会議参加者の中で最年長）も会議の司会者もユーモアをまったく言いませんでした。会話の場でパワーをもつ人たちがユーモアを言わないので、それ以外の参加者たちもユーモアを言えないという暗黙の共通のルールが働いていると言えるのかもしれません。

仮に、ニュージーランドのZ社で働いていた人が、日本に移住してJa、Jb、Jc社のいずれかで働くことになったと仮定します。会議の場ではみんなでユーモアを言い合うというZ社での暗黙の想定に従って、Ja、Jb、Jc社の会議で、新人であるにもかかわらずユーモアを言ったらどうでしょうか？　ミスコミュニケーションが生じる危険性は容易に想像できます。

英語圏の先行研究では、ユーモアは平等性を示しパワー関係を弱めるとされていますが、本節で対象とした国内会社の会議では、日本文化の特徴ともいえる上下関係に依った談話ストラテジーとして機能していました。

もちろんこれが日本企業でみられるユーモアであるという一般化はできませんが、今回対象とした会社は、オーナー社長であることや、比較的保守的で地域に根付いた中小企業であることを鑑みると、（ある種の典型的な）日本の会社の会議における共通した特徴であると言えるかもしれません。対人関係機能面に関わる談話ストラテジーの使用は、職場文化だけでなく、その組織が埋め込まれた国の文化の影響を受けていることは明らかです。皆さんの職場のユーモアはいかがでしょうか？　どのようなパターンがみられるでしょうか？

## 何を基準に評価しているのか？

筆者の研究で、ニュージーランドの会社のビジネスミーティングでみられた特徴的なユーモアを、日本人ビジネスマンに見てもらい、その印象を調査したことがあります。すると、印象（評価）のベースは自身の職場の言語行動規範にあり、それと同じ（よく似た）言語行動であれば肯定的評価をし、異なる場合は否定的評価をするという結果を得ました。自分自身の言語行動が基準となっていて、それらが他の文化圏出身者にとって普通ではないと認識されることに気づきにくいのです。こういったことからも、対人関係に関わる言語行動は、ミスコミュニケーションを生じる危険性が高いと言えます。

さらに筆者は共同研究プロジェクトで、国内で働く（働いた経験のある）外国人および海外で働く日本人を対象に、ビジネスの場でのコミュニケーションについてのインタビューを実施してきました。インタビューでは、「コミュニケーション上困ったことは何か」「コミュニケーションに関して日本の職場で特徴的な点は何か」等のテーマで自由に話してもらいました。

共通して指摘されたのが、日本における職場の上下関係が言語行動に反映されることや、対人関係機能面に関わる言語行動がミスコミュニケーションにつながる場合が多いということでした。しかし、インタビューで語られるのは、「敬語が難しい」「上司が命令や指示をする時に、きつい表現が使われる」「コミュニケーションがフォーマルすぎる」といった抽象的なレベルでのことばかりでした。先述した通り、実際の職場コミュニケーションの談話分析が必要であることは、こういった結果からも明らかです。個人情報保護の観点や、職場談話には会社の機密に関わる情報も入ってくることから、なかなか実際のコミュニケーションを収録させてもらうということは難しい状況です。しかし、今後、海外からのスタッフと共に働く状況が増えることを鑑みると、国内の職場談話研究のさらなる展開が求められているのです。

### LWPの人材育成教材

LWPのあるニュージーランドは、多文化社会で、職場でも言語文化背景の異なる人たちがともに働いています。LWPは、実証的研究を通して、ニュージーランドの職場で起こりうるコミュニケーション上の課題を見出し、それらをベースに、海外からの移住者向けの教材開発や、人材育成プログラムの開発・実施に携わってきました。

LWPが作成した教材はすべて実証的研究に基づいており、受講生の社会言語能力の向上をめざした教材で、技術移民向けプログラム(Skilled Migrants Course)、介護や工事現場で働く移民向け教材、職場の談話(Work Talk)等が含まれます。いずれの教材も、「雑談」「ユーモア」「挨拶」といったコミュニケーションにおける対人関係機能面を重視しています。

本節では、ニュージーランド移民局との連携で作成されたウェブサイト“Work Talk”を紹介しましょう。"Work Talk"では、従業員(ニュージーランドで働く海外からの移住者、)か、雇用者(受け入れ側)かを選ぶようにデザインされています。

コミュニケーションスキルを学べるページは、「チームの一員となる(雑談)」「難しい話—断る、不同意」「提案やアドバイス」「依頼や指示」という四つのテーマから構成されています。

四つのテーマはすべて対人関係構築・維持機能に関わる言語実践ですが、雑談が一番先に取り上げられている点は興味深いです。それぞれのテーマはクイズ形式になっています。雑談を扱う「チームの一員になる」を紹介しましょう。ここでは、二種類のダイアログが用意されています。エレベーターを待っているときに上司が新しく来たスタッフに話しかけるという状況と、三人で一緒に昼食をとっていて、二人がラグビーの話で盛り上がって後の一人が黙っているという状況です。それぞれのダイアログを見て、自分だったらどうするかがクイズ形式で提示されます。特徴的なのが、同じダイアログを、従業員(移民)側からだけでなく、雇用者側(移民の受け入れ側)からも考えるしつらえであることです。

エレベーターのシーンを見てみましょう(図5-2)。

エレベーターを待っていると、上司が、「元気ですか?」「仕事は楽しいですか?」と話しかけるのですが、従業員(移民)は目を合わすことなく、下を向いて独り言のように答えています。

これについて以下のような選択肢が出てきます。

【従業員(移民)側の視点】

ロバート(外国からの移住者、図5-2右側の従業員)は、マネージャー(左側)に気楽に話しかけにくい。あなたがロバートならどうしますか?

①次のエレベーターを待つ。

②気にしない。ジョン(マネージャー)は理解してくれるだろう。

③努力する。ジョンに元気かどうかや天気の話題で話しかける。

**図5-2**　エレベーターにて(Work Talk ウェブサイトより)

【受け入れ側の視点】

もしあなたがジョンなら、この状況でどうしていましたか?

①何もしない。ロバートが簡単な会話もできないなら、職場にじゅうぶんなじめないだ

ろう。

②彼が気楽に話ができるように努力する。天気について聞いたり週末の予定を聞いたりする。

③ロバートの職場のチームのメンバーに、ロバートはジョンを怖がらなくていいし、ジョンに話しかけても大丈夫と伝える。

ウェブサイトでは、それぞれの番号を選ぶと解説が示され、その後、ダイアログの修正版の動画が提示されます。修正した動画では、ロバートは、うつむかないように上司の問いかけに応答し、自分からも今日の天気について言及したり、マネージャーのジョンも、ロバートが気楽に答えられるように、週末の予定を聞いたり、職場によりなじめるように「週末に職場のメンバーで郊外に行こうかと思っているが一緒にどうか」と誘うといった様子を取り入れています。

四つのテーマで用いられているそれぞれのダイアログの最後に提示されている修正動画は、従業員（移民）がニュージーランドの職場コミュニケーションの特徴に合わせるように努力するという視点からだけで修正されているのではありません。受け入れ側のスタッフや上司も、当該ダイアログでターゲットとされる言語実践が、ニュージーランドの職場に特徴的なコミュニケーションパターンであることを意識できるように、外国人にとっては「普通」ではないかもしれないという点に気付けるように、また、海外からの移住者がより会話に入りやすいように配慮するという視点からも、修正が加えられているのです。

つまり、受け入れ側の学びを取り入れているということです。ニュージーランドの職場で展開する言語実践にはどのような特徴がみられるのかを、受け入れ側も意識する必要があるというメッセージが込められているのです。海外からの移住者も受け入れ側も、共に学ぶ相互学習(reciprocal learning)アプローチは、非常に重要なことだと思います。

## 外国人スタッフと共に働く職場のコミュニケーションとは?

日本国内の外国人就労者は今後増加することが予想されています。二〇一九年六月に日本語教育推進法が施行され、海外からの移住者やその子どもたちに対する日本語教育に関する研究や実践をめぐっては、すでに多くの取り組みが着手されています。一方、受け入れ側の環境整備(とりわけ人に着目したソフト面)は、まだまだ十分であるとは言えない状況です。

受け入れ環境整備をめぐる調査については、経済産業省の「外国人留学生の就職や採用後の活躍に向けたプロジェクトチーム」の取り組みがあげられますが、これらはすべてアンケートや関係者へのインタビューに基づき、実際の職場コミュニケーション（ことばのやりとりや相互行為）の分析はほとんど行われていないのが実情です。

筆者が現在進めている共同研究では、外国人とともに働く職場では、どのようなコミュニケーションが行われ、どのような工夫がなされているのかについて調査をしています。

調査にご協力いただいているA社は、国内にある正社員一二名（うち日本人五名、外国人七名）の中小企業です。スタッフの出身国や母語が多様な職場で、どのようなコミュニケーションが行われているのか、どのような工夫がみられるか、という二つのリサーチクエスチョンを設定し、A社で実際に起こっているコミュニケーションの談話分析（ミクロレベル）と、フィールドワークやインタビューから顕在化する職場のコミュニケーションデザイン（メゾレベル）の両方から研究を行っています。並行して、外国人労働者や留学生をめぐる政策や施策（マクロレベル）の調査にも取り組んでいます。さらに、海外の先進事例の調査も予定しています。

A社における調査方法は、①従業員へのインタビュー、②現場のエスノグラフィ、③オンラインミーティングの収録と分析、④大学学部生（留学生）にA社にインターンシップに行ってもらい、インターンシップ期間のすべてのやり取りを収録して分析、⑤インターンシップ生へのインタビューやアンケート、という多面的なアプローチを採っています。

調査を進めている段階なのですが、これまでの考察結果として、コミュニケーションデザインの工夫(メゾレベル)については、①朝礼や夕礼の実施、②日本人スタッフとの書き言葉による日誌、③会社の目標やポリシーの共有のための勉強会、④業務指示の多層化等があげられます。談話(相互行為)分析を通してみられる工夫(ミクロレベル)としては、①外国人・日本人スタッフ自身の言葉で語れる工夫、②平等な発言権の付与、③書き言葉・話し言葉両方によるふりかえり等があげられます。

さらに考察を進めて、A社でみられる談話レベル・コミュニケーションデザインレベルの工夫を例として提示し、参加者自身の職場談話や職場におけるコミュニケーションデザインをふりかえることができるワークショップをデザインしたいと考えています。外国人スタッフ向けのワークショップというよりも、むしろ、外国人スタッフと一緒に働く受け入れ側の日本人スタッフが学べるような(日常の職場コミュニケーションをふりかえることができるような)設計にしたいと思います。

## 社会連携型アクティブラーニング

筆者が所属する龍谷大学政策学部は、二〇一一年開設当初より、学部・大学院カリキュラムに積極的に社会連携型アクティブラーニングを取り入れ、地域や企業と連携しながら、学生たちが様々なプロジェクトを展開しています。その一環として筆者のゼミでも、「コミュニケーションから多様なひとびとの共生を実現する」という目標のもと様々な実践を行ってきました。これまでの取り組みは、大学近辺の商店街を紹介する英語マップの作成、京ことばを守る市民活動グループとの連携による京ことば紙芝居の読み聞かせやワークショップの開催、多言語や手話を取り入れたオンラインインクルーシブミュージアムのデザイン、留学生との国際共修のデザイン等多岐にわたります。これらの中から、インバウンド観光推進プロジェクトについて紹介します。

京都府八幡市にご縁をいただき、二〇一七年度から四年間、大学地域連携によるインバウンド対応事業を学生主体で進めました。

二〇一七年度は、八幡市の商工観光課から観光に関する現状について話をうかがったり、八幡市のことを調べたり、まち歩きをすることからスタートしました。そして、学生たちが八幡市のお勧めウォーキングルートとサイクリングルートをデザインしました。留学生に参加してもらって、それらのルートを回るモニターツアーを実施し、参加留学生のコメントを八幡市にフィードバックしました。加えて、これらの推奨ルートを入れた英語観光マップを作成しました。また、外国語によるPRもほとんど行われていなかった状況を受けて、インスタグラム（@kyoto_yawastagram）を開設し、ゼミ生たちは英語で、モニターツアー参加留学生には母語で発信してもらい、SNSでのPRの開始をサポートしました。

二〇一八年度は、インバウンド受け入れ環境整備に焦点を置いて活動を進めました。受け入れ環境については、ハード面で整備される場合が多いのですが、言語・コミュニケーションというソフト面から調査しました。学生たちには、京都市の主要観光地にフィールドワークに出向き、最寄駅から観光地までの案内を含む言語景観について調査してもらいました。そして、京都市の主要観光地との比較をしながら、八幡市でも調査を行い、八幡市の言語景観に関する提案レポートを作成・提出しました。この提案は、八幡市駅前の案内板設置（地図と英語の説明つき）の後押しにもなったということです。

同じく二〇一八年度に、八幡市内の観光施設や関連施設を対象に、インバウンド観光客の受け入れで困っていることについての聞き取り調査も行いました。もっとも多かったのが、言語を通したコミュニケーション（レンタサイクルの使い方、体調が悪くなった時の対応、駅までのアクセス等）であり、これらに対応するために「指差し会話板」（簡・繁体字、ハングル、英語）を作成しました。

外国語によるPRについては、インスタグラムの継続更新に加えて、ウェブサイト「ご当地キティと巡る旅(A trip around the GOTOCHI KITTY)」に八幡市を紹介しました(日・中・英語)。さらに、二〇一七年度に作成した英語マップを用いて留学生だけで自由に観光してもらうモニターツアーを実施し、英語マップの効果を検証しました。また、マップにも記されている古い街道のモニターツアーも実施し、安全に観光できるかについても検証しました。

それまでの調査で、八幡市を訪問する外国人観光客の現状として、アジアからの訪問者が多い、日本へのリピーターが多いということがわかりました。加えて、外国語を使ったコミュニケーションが受け入れ側のハードルとなっていることもわかりました。そこで、二〇一九年度は、受け入れ環境整備に関して、とくに受け入れ側の「ひと」に着目し、外国語によるコミュニケーションのハードルを下げる活動に取り組みました。

具体的には、八幡市の観光に関わる人たちに向けて、「やさしい日本語」ワークショップの開発・実施を行いました。ワークショップには、留学生にも参加してもらい、実際にどのような表現が日本語を母語としないひとびとにとってわかりやすいのか／わかりにくいのかを、体験してもらいました。その際、学生たちが作成した手作りのやさしい日本語のレジュメを活用したところ、ワークショップ参加者に大好評で、ワークショップ後にも知り合いに配布したいという要望を得ました。

また、ゼミ生による八幡市の観光についての調査から、八幡市観光では「こと」消費をめざすことがふさわしいという結論に至りました。そこで、八幡市の商工観光課との連携で、留学生に参加してもらって体験モニターツアー(稲刈りと農家見学)を実施しました。三年間で様々なモニターツアーを実施しましたが、これらの結果を踏まえて、八幡市としては、コロナ禍後のインバウンド観光の商品開発につなげていきたいとのことです。

二〇二〇年度は、コロナ禍で、思うように活動ができなかったのですが、「こと」消費のできる体験観光スポット三件の紹介動画を作成(日・中・英語)し、また、二〇一九年度のワークショップで好評だったやさしい日本語ガイドブックをさらにわかりやすく書き直して冊子として印刷し、八幡市長へ贈呈しました。

## 研究・教育の社会貢献――学生主体の学びをめざして

インバウンド政策、観光コミュニケーション、言語景観等について、机上で学ぶことはもちろん可能です。しかしながら、実際の活動を通した学びは、知識の定着や応用に欠かせません。

地域とのやりとりや事業の進行は、担当教員に負担がかかることは否定できませんが、自主性や積極性等、地域活動を通した学生たちの成長は計り知れません。また、年代の異なるひとびととの対話や話し合いで、学生たちが成長するだけでなく、地域のひとびとにも新たな気づきをもってもらえるのではないかと思います。通常の講義は、教員から学生への知識伝授で主として一方通行です。しかし、社会連携型アクティブラーニングにおける教員の役割は、学生の学びを促進するファシリテーターだと言えるでしょう。

実際の活動を通して、地域のひとびとに喜んでもらったり、ゼミ生の活動が地域のインバウンド政策や施策につながった時には、学生たちにとって(教員にとっても)やりがいになります。社会につながる学び(教育)を通した地域への貢献は、これからの大学に求められる役割だと考え、社会連携型アクティブラーニングを続けていきたいと思います。

## ナラティブ研究

ここまでで紹介したのは、様々なコミュニケーションのデザインにつながる取り組みでした。最後に、もう一つ筆者の取り組みの中で、社会貢献につながる可能性があると考える研究について紹介します。それは、現場の声(語り)を聴き、発信するということです。現場の声を聴く、つまり当事者の語り（ナラティブ）の研究です。

ナラティブ（narrative＝物語）はもともと文学の領域に属する概念でしたが、近年では、社会学や心理学、文化人類学、医療やビジネスの分野まで多様な広がりを見せ、人間の心理や行動、社会現象を分析するツールとして着目されるようになってきました。とりわけ質的研究において、一九九〇年ごろから「ナラティブ・ターン（物語的転回）」と呼ばれる認識論や方法論の展開が起こりました。そもそも客観的・理性的・絶対的な事実（世界）は存在しえないもので、それを語る人間によって、構築されるものであるととらえられたのです。世界は「語られること」によって存在するという立場です。ナラティブの定義は分野によって多様ですが、現実は言語活動によって構築される、語り手の主観的世界に注目する、現実には複数の意味づけが同時に存在するという点については共通理解がみられます。

社会言語学的アプローチからのナラティブ（語り）の研究は、一九九〇年代以降、欧米諸国においてより活発に行われるようになってきました。何が語られたかといった語りの内容のみならず、どのように語るかといった語り方をも射程に入れることで、語りの構造、語りから立ち現れる語り手のアイデンティティや、語り手自身や属するコミュニティのもつ規範意識や価値観、社会（世界）のとらえ方といった広範囲な考察ができるのです。

人々の「語り」とは、経験された出来事を現在の価値観から再評価・再構築し、目の前の誰かに語るものです。そして、その語りは、聞き手と語り手との相互行為で形成されるととらえられます。語りには、単なる過去の出来事の再現ではない、語り手の価値観や現在の社会規範やイデオロギーなどが反映されます。社会言語学的な語りの考察によって、アンケートのような量的調査や、インタビューの内容分析だけでは見えてこない実情を映し出すことができると考えられます。

ある社会課題に関連する現場の人々や当事者のナラティブ(語り)の考察を通して、現状や実態を可視化し発信する、さらには、その課題に対する解決策へと道筋をつけることもナラティブ研究がめざすところであると考えます。共同研究で執筆した『ナラティブ研究の可能性——語りが写し出す社会』では、社会言語学を中心としたナラティブ研究の社会貢献につながる実証研究九本を紹介しています。また、現在、コロナ禍の体験についての若者の語りを六言語で収集し考察する国際プロジェクトを進めています。

## 社会貢献や提案につながる言語・コミュニケーション研究に求められること

以上、筆者がこれまでに取り組んできた話し合い談話研究、職場談話研究、観光コミュニケーション、ナラティブ研究について紹介しました。自身のこれまでの取り組みをふりかえると、記述から提案につなげる実証研究を進める際に欠かせないのが、他の研究分野との連携だということに気づきます。言語・コミュニケーションの研究がその中だけで閉じられるのではなく、それがシーズとして開かれて、関連する現場や他研究領域で、何が求められているのかといったニーズと出会うことが、さらに研究を進展させることになるのではないかということです。これについては、筆者が、政策学関連の研究センターや大学院・学部に所属していることが大きなきっかけとなりました。政策学はまだ新しい学術領域で、社会課題の解決をめざしています。持続可能な社会の構築に向けては、単一の学術領域では不完全で、文理を超えた様々な分野の研究者の連携に加えて、産官学民の連携も求められます。社会言語学研究者として、このような環境に身を置いたというご縁は大きかったと思います。

研究のアウトプットについても意識することが重要です。つまり、現場のコミュニケーションで何が起こっているのかについての記述にとどまらず、そこから課題を炙《あぶ》りだすことが必要です。さらには、社会的な情報も積極的にインプットし、持続可能な社会に向けた制度構築や政策策定に提案することも視野に入れる必要があるでしょう。

社会貢献につながる言語・コミュニケーション研究を展開する中で、「言語研究者は言語研究に専念するべきではないか、実務家がやっていることにどのように関わるのか？　実務家をめざそうとしているのか？」と問われたことがあります。私自身の専門である社会言語学は、言語に関わる問題、言語をめぐる問題を解決するということも一つの目標であると考えます。だとしたら、言語やコミュニケーションという観点から社会問題をとらえ、持続可能な社会形成に役立てる方法を、言語研究者の立場で考えることも責務ではないでしょうか。

たとえば、本章でも紹介したファシリテート能力育成プログラムは、すでに多様なものが普及しています。しかし、多くは、「聞き上手になりましょう」とか、「場作りは大切です」といった経験に基づいた大雑把なポイントの記述です。聞き上手とはどういう言語行動なのか？　場づくりはなぜ大切なのか？　こういったことがらを繋げる原理や原則を見出すのは、理論や方法論があってのことではないでしょうか。つまり、実証的な研究を通して、個別のことを点として列挙するだけでなく、その背後にある線、循環性というものを提供できるのです。実際、現場で多くの実務家の皆さんと一緒に仕事をしていますが、そのご苦労は大変なものです。私自身が実務家になれるとは到底思っていません。長年の経験を通して培われた技能を、研究者として可視化することで、多くのひとびとにわかりやすく伝えることができるのではないか、それが私たちの仕事ではないかと考えています。

持続可能な社会の構築は、私たちに与えられた喫緊の課題ですが、これまで主として環境や経済といった分野が議論の対象でした。しかし、人間の社会活動の核の一つがコミュニケーションなのですから、言語・コミュニケーション研究者の視点から何か貢献できるのではないかというのが筆者の思いです。これからも実践的研究を地道に続けていきながら、もちろん、現場にも還元していきながら、理論研究にもわずかでも貢献できればと思います。学術的な基礎研究と、実践的な研究が車の両輪となって発展することが持続可能な社会の構築に寄与すると考えます。

本章で紹介したさまざまな取り組みをふりかえると、あることに気づきます。それは、コミュニケーションデザインに求められること、それは、誰かに対する優しさや思いやりだということです。コミュニケーションがもつ「人と人とをつなげる力」を発揮できる、そんなデザインができればと切に願います。

# 終章

# 優しいコミュニケーションを考える

## 優しいコミュニケーションを考える手がかり

「優しいコミュニケーション」を考える旅はいかがだったでしょうか？　何かしらヒントを見出していただけたでしょうか？

本書で紹介した社会言語学の考え方や様々な事例を通して、優しいコミュニケーションを考える手がかりとして、次の三点があげられます。

①コミュニケーションの目的は情報伝達だけではありません。コミュニケーションの機能としては「人と人との関係性を紡ぐ」側面も非常に重要なのです。とりわけ、この側面が優しいコミュニケーションに深く関わってきます。本書で取り上げた雑談や「聞くこと」は、人と人との関係性を紡ぐ側面に直結する言語行動であることがわかります。

②コミュニケーションは「伝えること」が一番重要であると考えられ、話し手から聞き手の一方通行になりがちです。しかし、コミュニケーションとは、ことばのキャッチボールであり、話し手と聞き手、送り手と受け手の双方向の実践なのです。本書から、コミュニ

ケーションにおいて「聞くこと」が非常に重要であることがわかります。とりわけ、優しいコミュニケーションを考える際に、聞くことが大きな役割を担っているのです。

③コミュニケーションを、言葉のキャッチボールととらえるならば、相手がボールを受け取りやすいように投げるということが大切になってきます。そのためには、相手がもつ〈聞き手が言語行動を行う際の〉ルールに思いを寄せることも重要だということです。

## 雑談、聞くこと、双方向

筆者が最近、日常生活のコミュニケーションで「優しさ」を感じた事例で考えてみましょう。数年前に父が亡くなってからずっと一人暮らしをしていた母が施設に入ることになりました。そちらの施設は父もお世話になったところです。入居日に、母の部屋に荷物を運んで整理していた時のことです。スタッフの一人が母のもとに来て声をかけてくれました。「お母さん久しぶりやね。お父さんにもお世話になった○○ですよ。覚えてくださってますか？　これから一緒に楽しく過ごしましょうね。一○○歳まで長生きしましょうね」。施設に入るということで不安そうだった母の顔に笑顔が戻り、筆者もほっとした瞬間でした。

もう一つの例は、筆者が体調をくずして、近くのクリニックに行った時のことです。急に具合が悪くなったので、ウェブで前もっての予約ができず、当日の朝に電話してから受診しました。予約の患者さんが多く忙しそうで、一時間ほど待合室で待っていました。名前が呼ばれて診察室に入ると、先生から「どうされましたか？」と訊かれ、症状を話し始めました。先生は「いつからですか？」「痛みはどんな感じ？」といくつか質問した後、頷いたり笑顔を見せたりして、時折電子カルテに入力しながらも、ずっと筆者から目を反らしませんでした。患者さんが多くとても忙しい中、筆者の発言を一回もさえぎることなく、時折頷きながら、最後まで聞いてくださったのです。不安だった気持ちがだんだんとほぐれてくるのを感じました。そして診察の最後に「今日は長らくお待たせしてしまってすみませんでした」と言われて、こちらの方が恐縮してしまいました。

二つの例から、ちょっとした声かけの雑談や、聞くということが、優しいコミュニケーションにつながっていることがわかります。

筆者は毎年授業で受講生に、「思わず一生懸命聞いてしまう先生の講義ってどんな講義ですか？　具体的に答えてください」という問いを与えて、グループで話し合ってもらいます。興味深いことに毎年同じ先生たちの名前があがります。そして学生たちから出される具体的な要因は、次の二つに集約されます。

一つ目として、授業が一方通行でないこと。一方的に情報を提示するだけでなく、受講生に向けて「みんなはどう思いますか?」「具体的な例をあげると何でしょうか?」と質問を投げかけたり、たとえ大講義であっても「隣近所の人と三人チームになって、話し合ってみてください。一〇分間です。スタート」とグループワークを取り入れるといった工夫がされています。

二つ目として、講義中に具体的なエピソードが入っていたり、雑談が入っているということ。コロナ禍でオンライン授業が中心だった年にも、同じ質問をしたところ、同じような回答が出てきました。オンライン授業の最初に、受講生たちのほとんどはZoomで顔出ししていないのにもかかわらず、「みんなおはよう。朝早くから授業に出てくれてありがとう。コロナで大学で会えないけど、がんばろうな」と授業とは関係のない雑談から始めていた先生の授業がもっとも高く評価されていました。

ここに共通するのは、双方向であるということと、聞き手志向であるということです。情報伝達が主たる目的である講義であっても、コミュニケーションにおける優しさの側面が重要であることがわかります。

## 相手のコミュニケーション行動の「普通」とは？

本書執筆中に、聞き手（相手）のもつコミュニケーション行動に関するルールについて考えさせられた、ある出来事がありました。ゼミ生たちには、常日頃から「私はＬＩＮＥ使いませんので」「連絡はメールで出すので必ず確認するように」と伝えて、Ｅメールを連絡用に使っていました。「先生ＬＩＮＥ使っていただけないでしょうか」とゼミ生から言われても頑なに「ＬＩＮＥは好きじゃないから……」と答えていました。Ｅメールで連絡してもなかなか返事が返ってこないことに少し苛立ちを感じていました。そんなある日「先生、いい加減ＬＩＮＥデビューしましょうよ」とゼミ生から言われて、ふと思ったのです。受け手の立場に立ってなかったのではないかな……と。学生たちにとってコミュニケーションメディアとして一番使いやすいのがＬＩＮＥであるなら、筆者もそれに対応してみようと思ったのです。

そこで、ゼミ生にＬＩＮＥの使い方をいろいろと教えてもらって始めたところ、彼らとのやりとりが驚くくらいスムーズになりました。それだけではなく、ゼミＯＢ／ＯＧ生たちのグループもできて、なつかしいメンバーとやりとりができるようになりました。メディア選択もコミュニケーションの優しさに関わってくるのだと実感した出来事でした。

筆者が、ＬＩＮＥが若者にとって無標（もっとも普通）のコミュニケーションツールであるということを理解すべきだったのです。学生からのEメールには件名がない、本文の前に宛名がない（いきなり用件から始める）といったことを、常識がないとか何も知らないと怒っていたのですが、それはEメールが普通のコミュニケーションツールだという想定をもつ筆者側からの評価であったに過ぎないということです。それに気づいてからは、LINEと比較しながら、Eメールの書き方について教えるようにしています。

続いて、SNSからの事例です（図6-1）。

様々な解釈が可能ですが、社会言語学的には、これを、お互いのコミュニケーションに関するルールや常識が異なっていたために生じたミスコミュニケーションとしてとらえることができます。

「オッサン」の言語行動の常識（想定）としては上下関係が基本であり、「目下・年下は目上に敬語を使うべき」なのです。したがって、年下の「妹（一〇～二〇代の若者）」に対して「駅どこ？」と聞くこともオッサンにとってはさほど無礼なことではありません。ところが、目下・年下の若者から「あっちじゃない？」と敬語を使わず友達に話すような言い方で答えられました。オッサンの常識では当然、目下・年下であれば、「あっちの方です」と丁寧体で答えるべきで、その答え方はオッサンの常識からは外れていたため「なんでタメ語なんだお前」と、怒

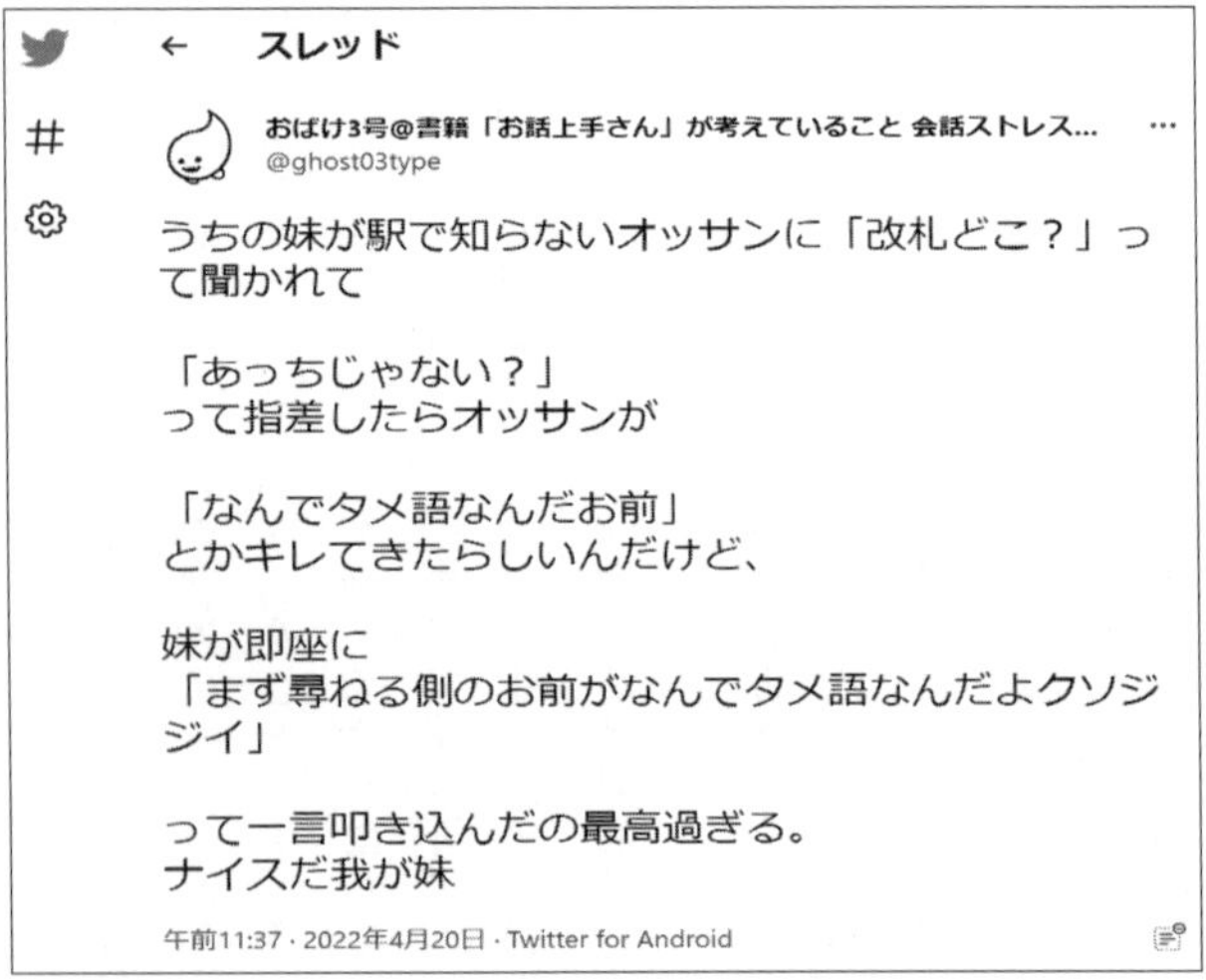
スレッド

おばけ3号@書籍「お話上手さん」が考えていること 会話ストレス…
@ghost03type

うちの妹が駅で知らないオッサンに「改札どこ？」って聞かれて

「あっちじゃない？」
って指差したらオッサンが

「なんでタメ語なんだお前」
とかキレてきたらしいんだけど、

妹が即座に
「まず尋ねる側のお前がなんでタメ語なんだよクソジジイ」

って一言叩き込んだの最高過ぎる。
ナイスだ我が妹

午前11:37 · 2022年4月20日 · Twitter for Android

（https://twitter.com/ghost03type/status/1516606906751602689?ref_src=twsrc%5Etfw）

**図 6-1　SNS 上で話題となったツイート**

ったと考えられます。

一方、「妹（一〇〜二〇代の若者）」は、親疎関係を軸としたとらえ方が基本であり、かつ、尋ねるという発話行為は相手に負担をかけるという想定をもっており、尋ねる際には初対面であれば、たとえ年下に対してもていねいに話すべきだと考えていたのです。そのため「改札はどこですか？」と丁寧体であるべきところを「改札どこ？」と言われて怒ったのでしょう。オッサンの話し方にまねて、「あっちじゃない？」と友達に答えるように返したのです。

相手に配慮する、つまり相手のコミュニケーション上の想定（常識）に少し思いを寄せればこういったミスコミュニケーションは防げるのではないでしょうか。

もう一つ、ゼミ活動を通して気づかされたことがあります。二〇二一年度はサバティカルで、ゼミは他の先生にお任せし、筆者はサポートする立場で関わっていました。このとき取り組んだのが、オンライン博物館のデザインと観光地図作成でした。博物館は生涯学習施設であるということを鑑み、包摂性に着目し、様々な年代や情報弱者のひとたちにもアクセスしてもらえるように、多言語ややさしい日本語、手話や京ことばも取り入れることになりました。また、もう一つのプロジェクトであった観光地図のデザインでは、学生たちから、視覚障がい者向けの地図をデザインしようというアイデアが出てきて、文字情報による道案内(文字地図)を作成しました。筆者自身が、情報弱者のひとたちに思いを馳せるきっかけとなった一年でした。

## 優しいコミュニケーションとは?

ここまで見てきたように、優しいコミュニケーションとは、「聞き手」「受け手」「コミュニケーションの相手」に配慮したコミュニケーションです。

優しいコミュニケーションに向けて、何ができるでしょうか？　もちろんこれが正しいという答えではありませんが、社会言語学研究者からの提案としては、①優しいコミュニケーションだと感じたやりとりをふりかえる、②自分自身のコミュニケーションをふりかえるということがあげられます。

優しいコミュニケーションだと思ったやりとりを、1章で紹介した「誰が」「誰に」(話し手と聞き手の関係)「どのような状況で(フォーマル/インフォーマル)」「何について/何のために」「どのように(伝達方法)」といった5W1Hから分析してみましょう。そこには、何かしらの共通点が見えてくるのではないかと思います。

そして、今度は自分自身の日常のコミュニケーションをふりかえってみてください。5章でも紹介したように、コミュニケーション能力の育成で大切なことは、普段何気なく(意識することなく)行っている言語活動の客観的な観察や考察を通した「気づき」なのです。

だからと言って、コミュニケーションの表面的なスキル(技術)にのみ着目するのではありません。5章で紹介したまちづくりの話し合いを進めるファシリテーターの言葉を思い出してください。筆者は、これまでのべ五〇名以上のファシリテーターのフィールドワークを行ってきました。考察で得られたファシリテーターの言語的ふるまいの特徴について伝えると、「自分自身では気づいていませんでした」という答えが返ってくることがよくあります。

5章で紹介した〈つなぐ・ひきだす〉ファシリテート能力育成プログラムの受講者から、「だいたい五分で何回くらい頷くといいのですか？」とか「沈黙は何秒まで大丈夫ですか？」といった質問をたびたび受けるのですが、どうしても技術（スキル）に目が行きがちなのかもしれません。ファシリテーターは、計算しながらこれらの聞き手行動をとっているわけではありません。ファシリテーターに共通する「話し合いを進めるのは参加者で、わたしたちは黒子です」「わたしたちは参加者の方々にとって実りある話し合いとなってほしいという思いをもちながら話し合いの場に臨んでいます」という言葉に表れているように、彼ら彼女らの思いが言語行動に反映されているのではないかと、現場の考察を続けていて痛感しています。現場の調査を大切にしている社会言語学研究者として、優しいコミュニケーションには、技能だけではなく思い（パッション）が大切なのではないかと考えます。

優しいコミュニケーションを考える際に、手がかりとなる行動哲学として「自省利他」ということがあります。これは、筆者が勤務する龍谷大学の創立三八〇周年の際に発信されたメッセージでもあります。「自省利他」はブッダの教えから導きだされたことばであり、自己中心性の自覚と払拭に努め（自省）、他者の安寧に資する行動を心がける（利他）ということです。自分という存在は、他者との関係性から成り立っているのであり、他者との関係性を重んじる「気づき」が重要となってきます。自分に欠けていることは何なのか？　自分のありようを省みることが自己変革に繫がります。これをコミュニケーションにあてはめれば、自身のコミュニケーションが話し手中心のコミュニケーションになっていないかをふりかえり、コミュニケーションの相手への「思いやり」を大切にしようということです。

もちろん、筆者が社会言語学研究者だからと言って、優しいコミュニケーションができているとは言えません。反省することばかりだから、優しいコミュニケーションのエッセンスを探究しているのかもしれません。

社会言語学研究者として一点言えるとすれば、優しいコミュニケーションに向けての第一歩は、まずは、自身のコミュニケーションに意識を向けてみるということです。

ＳＤＧｓや多様性、包摂性が声高に叫ばれているのにもかかわらず、社会全体が、優しさとは正反対の方向に向かっていることを大変憂慮しています。だからこそ、なおさら今、一人一人があらためて日々行っているコミュニケーションを顧みて、「優しさ」について考えてみる必要があるのではないでしょうか。

本書が、そのきっかけになれば幸甚です。

# おわりに

社会言語学に出会ってから、早や三〇年以上が過ぎました。この間、どれほど多くの先生方にご指導いただいたことでしょう。日本国内やニュージーランドをはじめ海外でお世話になった先生方お一人お一人の顔を思い出しています。

多様なテーマに関する研究を展開できたのは、これまでご一緒いただいた、たくさんの研究仲間や、研究にご協力いただいた皆様のおかげです。龍谷大学地域公共人材・政策開発リサーチセンター(LORC)や、二〇一一年の開設以来ご一緒いただいている龍谷大学政策学部「チーム政策」の仲間なくしては、学際的な研究を進めることはできませんでした。また、研究をベースにした実践活動の多くは、和代ゼミの皆さんと共に進めてきたものです。

本書は、筆者が社会言語学に出会ってから今日までの学び、研究活動、実践活動に基づくものです。あらためて、お世話になった皆様に心からの感謝の気持ちを贈ります。

本書出版が実現したのは、執筆のご縁をいただいた龍谷大学政策学部の同僚だった矢作弘氏をはじめ、岩波書店の田中朋子氏、中山永基氏のおかげです。中山氏には、執筆中から有益なコメントや励ましをいただき本書完成まで見守っていただきました。ここに記して深く感謝申し上げます。

本書は一般読者向けの新書という性格上、本文中には専門的な出典情報を細かく明記していないため、巻末の参考文献一覧を参照してください。本書の企画並びに前半部分は、二〇二一年度サバティカル（龍谷大学特別研究員）中に執筆しました。本書の一部は、以下に所収の論稿が元になっています。

『雑談の美学』村田和代・井出里咲子（編）、ひつじ書房、二〇一六年
『聞き手行動のコミュニケーション学』村田和代（編）、ひつじ書房、二〇一八年
『シリーズ　話し合い学をつくる』（1〜3巻）村田和代（編）、ひつじ書房、二〇一七、二〇一八、二〇二〇年

これからも「優しいコミュニケーションのエッセンス」探究の旅は続きます。そこで発見したことを、持続可能で優しい社会の形成に向けて、微力ながら還元できれば幸いです。

最後に、大切な家族に心からの「ありがとう」を込めて本書を捧げます。大好きな研究をずっと続けることができたのは、何よりも、家族の「優しさ」のおかげです。

二〇二三年二月　ニュージーランド ウェリントンにて

村田和代

【謝辞】

本書は、科研費22H00660、22K00794、20K20708、19K00860、19K00751の研究成果の一部です。

# 参考文献

**・1章**

庵功雄(2016)『やさしい日本語』岩波新書
石黒圭(2013)『日本語は「空気」が決める』光文社新書
「おらほのラジオ体操」実行委員会(2012)『おらほのラジオ体操』エムオン・エンタテインメント
真田信治(2006)『社会言語学の展望』くろしお出版
田中ゆかり(2011)『「方言コスプレ」の時代』岩波書店
徳川宗賢・ネウストプニー, J. V.(1999)「ウェルフェア・リングイスティックスの出発」『社会言語科学』2(1)
中村桃子(2020)『新敬語「マジヤバイっす」』白澤社
村田和代(2004)「テレビコマーシャルの好感度」三宅和子・岡本能里子・佐藤彰編『メディアとことば1「マス」メディアのディスコース』ひつじ書房
Brown, Penelope and Stephen Levinson (1987) *Politeness,* Cambridge University Press. 田中典子監訳(2011)『ポライトネス』研究社
Giles, Howard, Justine Coupland, and Nikolas Coupland, eds. (1991) *Contexts of Accommodation,* Cambridge University Press
Holmes, Janet, Meredith Marra, and Bernadette Vine (2011) *Leadership, Discourse, and Ethnicity*, Oxford University Press
Holmes, Janet and Nick Wilson (2017) *An Introduction to Sociolinguistics. 5th Edition*, Routledge
Hymes, Dell (1972) "On Communicative Competence", In Pride, J. B. and J. Holmes, eds., *Sociolinguisitcs,* Penguin Books
Tannen, Deborah (1990) *You Just Don't Understand,* William Morrow & Company. 田丸美寿々・金子一雄訳(1992)『わかりあえない理由』講談社

**・2章**

石原武政・西村幸夫編(2010)『まちづくりを学ぶ』有斐閣
清水崇文(2017)『雑談の正体』凡人社
筒井佐代(2012)『雑談の構造分析』くろしお出版
堀公俊(2004)『ファシリテーション入門』日経文庫
村田和代(2013)「まちづくり系ワークショップ・ファシリテーターに見られる言語的ふるまいの特徴とその効果」『社会言語科学』16(1)
村田和代(2014)「まちづくりへの市民参加と話し合い」『日本語学』33(11)

村田和代(2016)「まちづくりの話し合いを支える雑談」村田和代・井出里咲子編『雑談の美学』ひつじ書房
村田和代・大谷麻美(2006)「ポジティブ・ポライトネス・ストラテジーの指導の試み」堀素子ほか編『ポライトネスと英語教育』ひつじ書房
Angouri, Jo and Meredith Marra (2010) "Corporate Meetings as Genre", Text & Talk 30(6)
Bargiela-Chiappini, Francesca and Sandra Harris (1997) *Managing Language*, John Benjamins
Chan, Angela (2005) "Openings and Closings in Business Meetings in Different Cultures", Unpublished PhD Thesis, Victoria University of Wellington
Coupland, Justine, ed. (2000) *Small Talk*, Longman
Dunbar, Robin (1996) *Grooming, Gossip and the Evolution of Language*, Harvard University Press. 松浦俊輔・服部清美訳(1998)『ことばの起源』青土社
Holmes, Janet (2000) "Doing Collegiality and Keeping Control at Work", In Coupland, J., ed. *Small Talk*, Longman
Holmes, Janet and Maria Stubbe (2003) *Power and Politeness in the Workplace,* Longman
McCarthy, Micael (2000) "Mutually Captive Audiences", In Coupland, J., ed., *Small Talk*, Longman
Mullany, Louise (2007) *Gendered Discourse in the Professional Workplace*, Palgrave Macmillan
Murata, Kazuyo (2015) *Relational Practice in Meeting Discourse in New Zealand and Japan*, Hituzi Shobo
Schwartzman, Helen (1989) *The Meeting*, Plenum Press
Tracy, Karen and Aaron Dimock (2004) "Meetings", In Kalbfleisch, Pamela J., ed., *Communication Yearbook 28*, Routledge

**・3章**

植野貴志子(2014)「問いかけ発話に見られる日本人の先生と学生の社会的関係」井出祥子・藤井洋子編『解放的語用論の挑戦』くろしお出版
岡本雅史(2013)「コミュニケーションの仕掛け」『人工知能学会誌』28(4)
岡本雅史・大庭真人・榎本美香・飯田仁(2008)「対話型教示エージェントモデル構築に向けた漫才対話のマルチモーダル分析」『知能と情報』20(4)
難波彩子(2020)「同調から広がる会話の一体感」井出祥子・藤井洋子

監修・編『場とことばの諸相』ひつじ書房
日経ビジネス(2022)「リモート時代に「会って，話す」ということ 「聞き方」を変えるだけで，仕事や人間関係が劇的によくなる理由」
藤吉豊・小川真理子(2021)『「話し方のベストセラー100冊」のポイントを1冊にまとめてみた。』日経BP
松田陽子(1988)「対話の日本語教育学」『日本語学』7(13)
メイナード・K. 泉子(1993)『会話分析』くろしお出版
水谷信子(1993)「「共話」から「対話」へ」『日本語学』12(4)
村田和代(2004)「第2言語語用能力習得に与える影響と効果」『語用論研究』6
村田和代(2018)「リスナーシップとラポール形成」村田和代編『聞き手行動のコミュニケーション学』ひつじ書房
村田和代(2019)「〈つなぎ・ひきだし・うみだす〉ためのコミュニケーションデザイン」白石克孝・村田和代編『包摂的発展という選択』日本評論社
村田和代(2020)「これからの話し合いを考えよう」村田和代編『これからの話し合いを考えよう』ひつじ書房
村田和代・大谷麻美(2006)「ポジティブ・ポライトネス・ストラテジーの指導の試み」堀素子ほか『ポライトネスと英語教育』ひつじ書房
村田和代・森篤嗣・増田将伸・岡本雅史・井関崇博(2016)「まちづくりの話し合い学」『社会言語科学』18(2)
Clancy, Pataricia, Sandra A. Thompson, Ryoko Suzuki, and Hongyin Tao (1996) “The Conversational Use of Reactive Tokens in English, Japanese and Mandarin”, *Journal of Pragmatics* 26(3)
Du Bois, J. W. (2014) “Towards a Dialogic Syntax”, *Cognitive Linguistics*, 25(3)
FitzGerald, Helen (2002) *How Different Are We?*, Multilingual Matters
Gardner, Rod (2001) *When Listeners Talk*, John Benjamins
Goffman, Erving (1981) *Forms of Talk*, University of Pennsylvania Press
Hayakawa, Haruko (2003) “The Meaningless Laughter”, Unpublished PhD Thesis, University of Sydney
Hinds, John (1987) “Reader versus Writer Responsibility”, In Connor, U. and R. B. Kaplan, eds., *Writing across Languages*, Addison-Wesley
Kita, Sotaro and Sachiko Ide (2007) “Nodding, Aizuchi, and Final Particles in Japanese Conversation”, *Journal of Pragmatics* 39(7)
Murata, Kazuyo (2009) “Laughter for Defusing Tension”, In Hattori, Hiromitsu *et al.* eds., *New Frontiers in Artificial Intelligence,* Springer
Namba, Ayako (2011) “Listenership in Japanese Interaction”, Doctoral

Dissertation, The University of Edinburgh
Tannen, Deborah (1989) *Talking Voices*, Cambridge University Press
Yamada, Haru (1997) *Different Games, Different Rules*, Oxford University Press

・4章

浅見隆行(2015)『危機管理広報の基本と実践』中央経済社
東照二(2006)『歴代首相の言語力を診断する』研究社
東照二(2009)『オバマの言語感覚』日本放送出版協会
東照二(2010)『選挙演説の言語学』ミネルヴァ書房
石原凌河・村田和代(2021)「クライシスコミュニケーションからみるコロナ初動期の政治家記者会見の特徴」『ことばと社会』23号
岩田健太郎(2014)『「感染症パニック」を防げ！』光文社新書
蝦名玲子(2020)『クライシス・緊急事態リスクコミュニケーション(CERC)』大修館書店
太田奈名子(2021)「敵はコロナか，みんなか」名嶋義直編著『リスクコミュニケーション』明石書店
西澤真理子(2013)『リスクコミュニケーション』エネルギーフォーラム新書
マレービアン，アルバート(1986)『非言語コミュニケーション』西田司ほか共訳，聖文社
村田和代(2009)「協働型ディスカッションにおけるファシリテーターの役割」『社会言語科学会第23回大会発表論文集』
村田和代(2020)「リーダーの談話分析」『地域協働』16号
村田和代・石原凌河(2021)「コロナ禍における国内リーダー記者会見の談話分析」日本言語政策学会第23回研究大会
Brown, G., and G. Yule, (1983) *Discourse Analysis*, Cambridge University Press
Georgakopoulou, Alexandra (2011) "Narrative analysis", In Wodak, Ruth, Barbara Johnstone, and Paul Kerswill, eds., *The Sage handbook of sociolinguistics*, Sage
Schegloff, E. A. and H. Sacks (1973) "Opening Up closings", *Semiotica* 8(4)
Tannen, Deborah (1990) *You Just Don't Understand*, William Morrow & Company
記者会見のサイト他
大阪府HP「知事の記者会見」
大阪大阪府公式YouTubeチャンネル「吉村大阪府知事 記者会見(令和2年4月15日)」
東京都HP「知事の部屋」

TOKYO MX YouTube チャンネル「東京都知事定例会見 2021 年 5 月 14 日放送」
首相官邸「令和 2 年 総理の演説・記者会見など」
首相官邸 YouTube チャンネル 「安倍内閣総理大臣記者会見－令和 2 年 5 月 4 日」
ニュージーランド政府公式ウェブサイト“Covid-19 Updates”
RNZ YouTube チャンネル“Prime Minister Jacinda Ardern's Covid-19 news conference–1 April, 2020”

**・5 章**

久保友美・櫻井あかね・村田和代(2013)「社会連携型アクティブラーニングがもたらす大学生の学びに関する分析」『龍谷政策学論集』3(1)
斎藤文彦・的場信敬・村田和代・川井千敬・江欣樺・山崎暢子(2022)「龍谷大学学生気候会議」村田和代・阿部大輔編『「対話」を通したレジリエントな地域社会のデザイン』日本評論社
白石克孝・新川達郎・斎藤文彦編(2011)『持続可能な地域実現と地域公共人材』日本評論社
土山希美枝・村田和代・深尾昌峰(2011)『対話と議論で〈つなぎ・ひきだす〉ファシリテート能力育成ハンドブック』公人の友社
土山希美枝・村田和代(2011)「地域公共人材の育成」白石克孝・新川達郎・斎藤文彦編『持続可能な地域実現と地域公共人材』日本評論社
中森孝文(2022)「リモートワークにこそユーモアを」高橋潔・加藤俊彦編『リモートワークを科学する 1 調査分析編』白桃書房
秦かおり・村田和代編(2020)『ナラティブ研究の可能性』ひつじ書房
三上直之(2022)『気候民主主義』岩波書店
村田和代(2014)「NZ ビジネスミーティングの特徴についての印象調査」『国際ビジネスコミュニケーション学会研究年報』73
村田和代(2015)「地域公共人材に求められる話し合い能力育成プログラムについて」村田和代編『共生の言語学』ひつじ書房
村田和代(2020)「学生の地域活動と観光」山川和彦編『観光言語を考える』くろしお出版
村田和代(2020)「ビジネスミーティングにみられるユーモアから発話の権利を考える」定延利之編『発話の権利』ひつじ書房
村田和代(2022)「職場談話研究から人材育成への貢献」村田和代編『越境者との共存にむけて』ひつじ書房
村田和代・只友景士・中森孝文・松岡信哉(2013)「龍谷大学政策学部におけるコミュニケーション能力育成プログラムについて」『龍谷政策学論集』3(1)

参考文献

村田和代・井関崇博(2014)「〈みんなではじめる〉ためのコミュニケーション・デザイン」白石克孝・石田徹編『持続可能な地域実現と大学の役割』日本評論社

村田和代・水上悦雄・森本郁代(2020)「話し合いの可能性」『社会言語科学』23(1)

村田和代・江欣樺・吉田悦子・大平幸(2022)「外国人スタッフと共に働く職場のコミュニケーション」第82回国際ビジネスコミュニケーション学会全国大会

やまだようこ(2006)「質的心理学とナラティヴ研究の基礎概念」『心理学評論』49(3)

Holmes, Janet (2000) "Politeness, Power and Provocation", *Discourse Studies* 2(2)

Holmes, Janet and Maria Stubbe (2003) *Power and Politeness in the Workplace*, Longman

Holmes, Janet, Meredith Marra, and Bernadette Vine (2011) *Leadership, Discourse, and Ethnicity*, Oxford University Press

Marra, Meredith and Janet Holmes (2021) "Different Teams, Different Norms", Paper presented in the panel entitled to 'Cross-cultural Pragmatics', the 17th International Pragmatics Conference online, from 27 June to 2 July 2021

Murata, Kazuyo (2018) "Humor and Laughter in Japanese Business Meetings", In M. Cook, Haruko and J. Shibamoto-Smith, eds., *Japanese at Work*, Palgrave Macmillan

村田和代

奈良県橿原市生まれ．ニュージーランド国立ヴィクトリア大学大学院言語学科 Ph.D.（言語学）．現在，龍谷大学政策学部教授・学部長．専門は社会言語学（コミュニケーション研究）．主な編著に，『シリーズ 話し合い学をつくる　全3巻』『聞き手行動のコミュニケーション学』（ひつじ書房），『包摂的発展という選択――これからの社会の「かたち」を考える』『「対話」を通したレジリエントな地域社会のデザイン』（日本評論社，共編）など．

優しいコミュニケーション
――「思いやり」の言語学　　岩波新書（新赤版）1971

2023年4月20日　第1刷発行

著　者　村田和代《むらたかずよ》

発行者　坂本政謙

発行所　株式会社 岩波書店
〒101-8002 東京都千代田区一ツ橋 2-5-5
案内 03-5210-4000　営業部 03-5210-4111
https://www.iwanami.co.jp/

新書編集部 03-5210-4054
https://www.iwanami.co.jp/sin/

印刷製本・法令印刷　カバー・半七印刷


ISBN 978-4-00-431971-9　　Printed in Japan

# 岩波新書新赤版一〇〇〇点に際して

ひとつの時代が終わったと言われて久しい。だが、その先にいかなる時代を展望するのか、私たちはその輪郭すら描きえていない。二〇世紀から持ち越した課題の多くは、未だ解決の緒を見つけることのできないままであり、二一世紀が新たに招きよせた問題も少なくない。グローバル資本主義の浸透、憎悪の連鎖、暴力の応酬——世界は混沌として深い不安の只中にある。

現代社会においては変化が常態となり、速さと新しさに絶対的な価値が与えられた。消費社会の深化と情報技術の革命は、種々の境界を無くし、人々の生活やコミュニケーションの様式を根底から変容させてきた。ライフスタイルは多様化し、一面では個人の生き方をそれぞれが選びとる時代が始まっている。同時に、新たな格差が生まれ、様々な次元での亀裂や分断が深まっている。社会や歴史に対する意識が揺らぎ、普遍的な理念に対する根本的な懐疑や、現実を変えることへの無力感がひそかに根を張りつつある。そして生きることに誰もが困難を覚える時代が到来している。

しかし、日常生活のそれぞれの場で、自由と民主主義を獲得し実践することを通じて、私たち自身がそうした閉塞を乗り超え、希望の時代の幕開けを告げてゆくことは不可能ではあるまい。そのために、いま求められていること——それは、個と個の間で開かれた対話を積み重ねながら、人間らしく生きることの条件について一人ひとりが粘り強く思考することではないか。その営みの糧となるものが、教養に外ならないと私たちは考える。歴史とは何か、よく生きるとはいかなることか、世界そして人間はどこへ向かうべきなのか——こうした根源的な問いとの格闘が、文化と知の厚みを作り出し、個人と社会を支える基盤としての教養となった。まさにそのような教養への道案内こそ、岩波新書が創刊以来、追求してきたことである。

岩波新書は、日中戦争下の一九三八年一一月に赤版として創刊された。創刊の辞は、道義の精神に則らない日本の行動を憂慮し、批判的精神と良心的行動の欠如を戒めつつ、現代人の現代的教養を刊行の目的とする、と謳っている。以後、青版、黄版、新赤版と装いを改めながら、合計二五〇〇点余りを世に問うてきた。そして、いままた新赤版が一〇〇〇点を迎えたのを機に、人間の理性と良心への信頼を再確認し、それに裏打ちされた文化を培っていく決意を込めて、新しい装丁のもとに再出発したいと思う。一冊一冊から吹き出す新風が一人でも多くの読者の許に届くこと、そして希望ある時代への想像力を豊かにかき立てることを切に願う。

（二〇〇六年四月）